华章图书

一本打开的书，一扇开启的门，
通向科学殿堂的阶梯，托起一流人才的基石。

www.hzbook.com

产品管理与运营系列丛书

IoT
Product Manager
Practice

IoT产品经理实践

程力 ◎著

机械工业出版社
China Machine Press

图书在版编目（CIP）数据

IoT 产品经理实践 / 程力著 . -- 北京：机械工业出版社，2021.10
（产品管理与运营系列丛书）
ISBN 978-7-111-69323-9

I. ① I… II. ①程… III. ①企业管理 – 产品管理 IV. ① F273.2

中国版本图书馆 CIP 数据核字（2021）第 204875 号

IoT 产品经理实践

出版发行：	机械工业出版社（北京市西城区百万庄大街 22 号 邮政编码：100037）
责任编辑：	韩 蕊
责任校对：	马荣敏
印　　刷：	大厂回族自治县益利印刷有限公司
版　　次：	2021 年 10 月第 1 版第 1 次印刷
开　　本：	147mm×210mm　1/32
印　　张：	7.125
书　　号：	ISBN 978-7-111-69323-9
定　　价：	79.00 元

客服电话：（010）88361066　88379833　68326294　　投稿热线：（010）88379604
华章网站：www.hzbook.com　　　　　　　　　　　　读者信箱：hzjsj@hzbook.com

版权所有 • 侵权必究
封底无防伪标均为盗版　本书法律顾问：北京大成律师事务所　韩光 / 邹晓东

前　言

为何写作本书

> 志当存高远，事须躬而为。
>
> ——西奥多·罗斯福

历数我的产品生涯，从 2011 年大学毕业进入苏宁易购到 2015 年，一直在不断摸索；从 2015 年至今，由于机缘巧合和个人兴趣，进入了 IoT 行业，并在这里确定了今后的发展方向。

在研究 IoT 产品的路上，我碰到了很多并肩作战的优秀同事。他们有些已经转行，有些还在这个行业继续深耕。于我，继续留在这里的原因不是相信"IoT 是未来"这句话，而是我的骨子里有一种想做出好产品的冲动，且这个产品不应只是某个 App 或某项服务，还应融入甚至改变用户的生活。

2019 年年底，我应邀参加了一个行业案例分享会，会后遇到了本书的策划编辑杨福川老师。我们谈了很多，从智能硬件的产品特点，到如何从 0 到 1 研发一款智能硬件，再到智能硬件产品经理需要具备的素质。之后，很突然地，他问我是否有兴趣写一本关于这个主题的书。我做过一些相关主题分享，但写书确实是人生第一次。于是，我从产品经理的本能出发，构思了本书应该给用户（即读者）提供的产品价值。

其一，这会是一张产品经理成长地图。产品经理在成长之路上有时候还是很孤独的。虽然身边可能有导师带着你，但进入职场的人都明白，导师是没办法手把手教你的，他们自己手头上的事情都做不完，实在没有精力系统地向你传授知识和经验。如果你所在的公司有完善的产品培训体系，一定要珍惜，多与前辈交流，向他们学习。本书是为更多没有这样的条件的读者准备的，希望给你一些成长路径参考，也希望你了解这条路上你并不孤单，只是你还没有找到同伴。

其二，这是一本 IoT 产品经理实践手记。5G 时代已经到来，随着网速和带宽进一步升级，联网设备会成倍增加，IoT 产品将迎来爆发期。IoT 领域方兴未艾，正处于一个快速发展期，不论是互联网巨头还是初创企业，都希望在这里分一杯羹。作为较早参与智能手表研发工作的产品经理，我亲历了 IoT 产品的早期发展。我会在本书中融入我在之前参与的项目中得到的经验教训。

其三，这是一块"垫脚石"。从历史角度来看，我们正在经历人类 500 年之大变局，从大航海时代、工业时代、电气时代，到互联网时代，如今我们正处在智能时代的开端，互联网的流量红利已逐渐枯竭，对于谁是下一个弄潮儿，我想，IoT 是可以有一席之地的。现在智能家居的应用也证明了我的想法。在 5G 时代，IoT 设备会成为主角之一，500 亿个设备会接入 5G 网络，所以需要更多的产品经理投身其中，提供新硬件、新软件、新服务。在 5G 时代的开端，能有一本介绍 IoT 产品方法论的书，我认为是极其有意义的。希望本书能够成为一块垫脚石，为所有有志于 IoT 领域的产品、运营、技术、测试人员提供微薄的力量和精神的慰藉。

对于产品经理来说，最重要的是心态和思维，要明确产品做什么，不做什么，哪些重要，哪些不重要。本书会先介绍产品经理的简短历史，再结合 5G 的趋势以及 IoT 产品的特点介绍 IoT 产品经理需要的基本技能，然后引出 IoT 产品经理思维框架——双金字塔模型，详细解释模型中的每个要点，接着从实践角度介绍如何从一个初级的 IoT 产品经理一步步升级成为高级产品经理。

其中有三个词贯穿始终：认知、态度和方法论。更高的认知层级能够帮助你构建更大的格局，看到事物的本质；积极的态度能够让你始终保持热情，爱你所做；正确的方法论能够让你在纷繁复杂的事情中分清轻重缓急，合理安排资源。

正如开篇引用的那句话：志当存高远，事须躬而为。现在想想，这确实是 IoT 产品经理的真实写照。

本书主要内容

本书共 6 章，循序渐进地带你进入 IoT 产品经理的世界。IoT 产品经理，脱胎于传统软件产品经理、互联网产品经理、移动互联网产品经理。他们有共同的特点，都是随着科技的不断飞跃以及应用场景的极大变迁而来，只是每个时代的产品经理面对着不同的对象。在智能时代，IoT 产品经理面对的便是物联网和 5G。书中首先介绍了 IoT 产品经理与软件产品经理的区别。在介绍二者区别的基础上，根据在行业中积累的工作经验，我给出了 IoT 产品经理思维模型——双金字塔模型。之后我用两章的篇幅，结合具体的实例，展示如何从初级 IoT 产品经理晋升为高级 IoT 产品经理。好的产品离不开运营，所以在这之后安排了一章 IoT 产品运营的内容，以便你对 IoT 产品的工作方式有更全面的认识。

第 1 章带读者进入前人很少涉及的 IoT 产品经理的全新世界，同时介绍 IoT 产品的特性、IoT 产品经理的能力模型和必备技术知识，并给出职业规划。

第 2 章介绍 IoT 产品经理思维模型——双金字塔模型，通过一个真实的综合案例说明如何应用这个模型。

第 3 章介绍 IoT 产品经理和软件产品经理的差异，涉及产品经理关注点、能力要求、思维模型等，最后给出软件产品经理转型 IoT 产品经理的建议。

第 4 章介绍 IoT 产品新人如何从负责一个小功能过渡到负责一个模块，其间需要了解什么、需要做哪些工作、需要注意哪些问题。

第 5 章继续 IoT 产品经理的进阶之路，从负责一个模块到负责多个模块甚至整个产品，涉及认知、态度、方法论三个方面的详细说明。

第 6 章以 IoT 产品运营和软件产品运营的对比为切入点，讨论 IoT 产品运营的终极目标——用户口碑，以及用户口碑的数据化反映——日活和留存，同时介绍常用的运营途径以及在这些途径下具体的运营手段。

最后的结束语是对 IoT 产品经理能力模型的回顾。

从初级 IoT 产品经理到高级 IoT 产品经理，首先是认知和态度的升级，其次是思维和能力的升级。希望这本书能让读者了解 IoT 产品经理的真实全貌，从而全情投入到这样一个有趣、有意义的事业中去！

本书读者对象

- 主要读者：从软件产品岗转为 IoT 产品岗的产品经理。
- 次要读者：从非产品经理岗转为 IoT 产品岗的产品经理、想成为 IoT 产品经理的大学生。

本书特色

- 提供了一系列思维模型和方法论，方便记忆和指导实践；
- 基于实践，而非纸上谈兵；
- 不仅关注做事的方法论层面，而且关注对产品经理更重要的认知和态度层面。

资源

更多 IoT 产品经理经验分享，可添加微信公众号"IoT 产品经理实践"查看。

致谢

首先，我要感谢这个时代和所遇到的人。查尔斯·狄更斯在《双城记》一书的开头写道："这是最好的时代，这是最坏的时代。"于我，这是最好的时代。感谢这个时代让我亲历互联网浪潮，并亲历了 IoT 的兴起与发展。感谢在成长路上帮助过我的师长、领导、同事以及合作伙伴。

其次，我要感谢华章公司的杨福川老师，没有他的慧眼发掘就不会有这本书。同时要感谢出版社的其他老师，没有他们的辛勤付出，就不会有本书如此完美的呈现。

再次，我要感谢我的妻子。她的默默支持，让我能够更加专注工作，在事业上不断精进。

最后，感谢养育我的父母。他们用无尽的爱让我内心始终充满力量，用殷切的期望让我不断突破自己。

目 录

前言

第1章 全面认识IoT产品经理　　1

1.1 从大趋势看IoT产品经理　　1
1.1.1 产品经理的自我介绍　　2
1.1.2 IoT行业发展与5G时代　　4
1.1.3 IoT产品经理供需趋势　　6
1.2 IoT产品与软件产品　　8
1.3 IoT产品经理能力模型　　12
1.4 产品经理必备技术知识　　14
1.4.1 趋势：5G与云计算，下一个浪潮　　15
1.4.2 硬件：参数和性能表现　　18
1.4.3 AI：将算法和大数据应用到智能硬件　　21
1.4.4 软件：操作系统和应用　　23
1.5 IoT产品经理的职业规划　　27
1.6 本章小结　　30

第2章 IoT产品经理思维模型　33

2.1　IoT产品经理思维模型总览　33
2.2　IoT产品经理思维模型详解　36
  2.2.1　从上到下，高屋建瓴　36
  2.2.2　从下到上，脚踏实地　64
2.3　用IoT产品经理思维复盘项目　66
  2.3.1　软硬结合——定位　67
  2.3.2　软件——表现　69
  2.3.3　算法——支撑和连接　76
  2.3.4　硬件——基础和源头　77
2.4　本章小结　78

第3章 IoT产品经理与软件产品经理　79

3.1　IoT产品与软件产品　79
3.2　IoT产品经理与软件产品经理的差异　81
  3.2.1　关注点的差异　81
  3.2.2　能力要求的差异　82
  3.2.3　思维模型的差异　83
3.3　软件产品经理向IoT产品经理转型　84
  3.3.1　内心的认定　86
  3.3.2　相信的力量　86
3.4　本章小结　87

第4章 打怪：从点到线，从负责一个功能到负责一个模块　89

- 4.1 改变世界，从微小的变化开始　89
- 4.2 产品，从0到1　92
- 4.3 迭代和敏捷开发　95
- 4.4 用户反馈和数据　99
  - 4.4.1 用户反馈　100
  - 4.4.2 数据　104
- 4.5 更好地触达用户　114
- 4.6 本章小结　118

第5章 进阶：从线到面，从负责一个模块到负责一个产品　121

- 5.1 认知　121
  - 5.1.1 用户：用户口碑是信用飞轮的起点　121
  - 5.1.2 产品：不再关注一条线，从整体上看功能　130
  - 5.1.3 技术：不再浅尝辄止，深度参与硬件和算法定义　134
- 5.2 态度　138
  - 5.2.1 没有什么工作不是自己的　138
  - 5.2.2 有没有更好的方法　140
- 5.3 方法论　143
  - 5.3.1 产品定义　143
  - 5.3.2 协作　167

5.3.3　项目管理　　　　　　　　　　180

　　　5.3.4　产品创新　　　　　　　　　　192

　5.4　本章小结　　　　　　　　　　　　196

第6章　IoT产品运营　　　　　　　　197

　6.1　IoT产品运营与软件产品运营　　　199

　　　6.1.1　相同点　　　　　　　　　　199

　　　6.1.2　不同点　　　　　　　　　　203

　6.2　目标：良好的口碑效应　　　　　　205

　6.3　途径：接触用户　　　　　　　　　207

　6.4　方法：关注用户　　　　　　　　　209

　　　6.4.1　预期管理：使实际体验大于产品预期　　209

　　　6.4.2　重视反馈：事事有回音，定期集中反馈　　210

　　　6.4.3　快速解决问题：端对端沟通，迅速解决问题　　211

　6.5　本章小结　　　　　　　　　　　　213

结束语　　　　　　　　　　　　　　　214

第 1 章 CHAPTER

全面认识 IoT 产品经理

伴随着物联网概念的兴起以及智能可穿戴设备的率先爆发，IoT 产品经理逐渐被人们熟知，他们是这个时代新兴产品经理的代表之一。但仍有很多人认为，IoT 产品经理等于"硬件产品经理"。其实不然，下面就让我给你娓娓道来。

1.1 从大趋势看 IoT 产品经理

IoT 产品经理脱胎于上个时代的产品经理，与他们有着密不可分的血缘关系。在 IoT 和 5G 时代，IoT 产品经理将越来越重要。

1.1.1 产品经理的自我介绍

这是一本讲产品经理的书，我觉得有必要讲一下产品经理的前世今生，所以下面就请"产品经理"本人先来给大家做个介绍吧。

"大家好，很高兴能有这个机会跟大家以这种形式见面。我的名字叫产品经理，也算是个不大不小的网红了，英文名是 Product Manager，大家平常都叫我 PM，跟项目经理（Project Manager）的缩写一样，而且随着对我越来越熟悉，你会发现，我们俩总是形影不离，所以在阿里巴巴，我也叫 PD（Product Design）。"

1. 出生

我是个美宝，我的年纪与工程师这些工种相比，还很小。我出生于 20 世纪 20 年代。当时一家叫"宝洁"（P&G）的公司，对，就是你知道的那个公司，投入了大量的人力与广告资源新开发了一个香皂品牌，但销量一直上不去。经分析发现，销量不佳的重要原因是这款香皂品牌的营销策略与宝洁公司自家另一款非常成功的香皂品牌的营销策略很相似，新产品的定位与原有产品的定位重合，自然很难有质的提升。

这时，一位名叫麦克·艾尔洛埃的员工发现了其中的问题，并提出"一个人负责一个品牌"的理念。于是我有了最初的名字：品牌经理。我的工作是负责品牌的产品定位与广告投放。

简单来说，我是为解决一个产品的定位和营销策略而生的。

2. 成长

我经历过 Web 1.0 时代、Web 2.0 时代、移动互联网时代，现在正在经历人工智能时代。

互联网普及之前，我一直处在童年阶段，我的成长环境大多是制造业，但自从我开始学习互联网，一切发生了突飞猛进的改变。

Web 1.0（1994-2005） 就像你们人类所经历的小学，在 Web 1.0 时代，新闻门户网站大行其道，我的名字"产品经理"在国内还不为人知，但在国外已经开始流行。这个阶段互联网刚刚兴起，产品开发以应用软件和行业管理系统为主，有较高的 IT 技能门槛，所以技术人员大多会充当"产品经理"这个角色。

Web 2.0（2005-2010） 我进入初中，互联网由 Web 1.0 开始向 Web 2.0 进化，互联网产品形态也开始变化。在 Web 1.0 时代，人们只能被动地浏览内容，而在 2.0 时代，人们可以创造属于自己的内容，并互动起来，搜索引擎、社交网站和博客便是这一时代的代表性产品。产品经理作为能够引领一个产品发展壮大的关键人物，变得越来越重要。我的名字也越来越被人熟知。

移动互联网时代（2010-2020） 我进入高中的野蛮生长期。随着智能手机的快速普及，更多应用铺天盖地而来，产品与服务可以随时随地触达用户，通过功能的丰富与创新获得成功。在拉新、促活、留存等工作上，产品经理扮演着重要的角色。越来越多的人了解到产品经理这个职位，也有越来越多各行各业的人转行来做产品。产品经理变得炙手可热，但同时我也背起了那口无处不在的"大锅"。这个时代后期，同时孕育着下一个时代的趋势，那就是人工智能。在移动互联网时代，有一些产品经理已经开始从事 AI 和 AI 硬件的工作了。

人工智能时代（2020-　） 2020 年，会被很多人铭记，不仅是因为我们度过了一个特殊的时期，更因为我在这一年踏入了大学的校门。这一年被称为"5G+AIoT 元年"，这也是我现在正经历的阶段。在 21 世纪的头 10 年，已经有很多厂商做了很多尝试，有很多产品经理也投入其中。产品经理，在这里，不仅会关注 App 的软件体验，还会关注智能硬件。产品经理的工作范围扩大了，于是我给自己起了个新的名字：IoT 产品经理。

IoT 产品经理，正是 5G+IoT 时代急需的弄潮儿。

至此，相信你已经了解了我的身世，至于我的未来，IoT 领域中的产品经理是什么样，让我们一起去一探究竟吧。

1.1.2　IoT 行业发展与 5G 时代

上一节，我们大致了解了"产品经理"这个大学生的身世，对于他的大学"人工智能时代"，我想你也很好奇，那么我们一起去看看吧。

> 1995 年，比尔·盖茨在《未来之路》一书中首次提出"物"的联网（Internet of Things，IoT）。
>
> 2005 年，国际电信联盟在《ITU 互联网报告 2005：物联网》中指出，无所不在的"物联网"通信时代即将来临。
>
> 2011 年，在德国汉诺威工业展中，德国政府提出工业 4.0 一词；在工业领域也出现了 IIoT（Industrial Internet of Things）的概念。
>
> 2018 年，人工智能物联网（AIoT）成为另一个流行话题。所谓 AIoT 就是 AI 与 IoT 的结合。

2020 年，5G 时代正被人们热切期待着。它能够给我们的生活带来什么改变，还没有十分确定的答案，但 5G 通信技术加上 AIoT，必定是这个时代的主题之一。

> 据了解，IoT 的规模，从上网的设备来看，目前最保守的估计是 500 亿个……这么多的设备是 4G 不够用的原因，也是商业的机会所在。在 IoT 时代，不仅要有新的硬件，还要有新的软件和服务与之匹配，否则大家对硬件的需求就不会那么强烈。5G 时代，也需要新的应用出现，比如通过 IoT 设备甄别身份，监控与调节环境等。到 2030 年，就可以造就出一个 4 万亿美元的市场。这个量级比今天日本的 GDP 略小一些，比德国大一些，还是非常可观的。
>
> ——吴军《前沿科技·吴军讲 5G》

总结来看，5G 时代，网络速度和网络覆盖范围都得到了极大提升。更快的数据传输速率，使得短时间内传输的内容增多，几秒钟下一部高清电影这种事已经在实验室跑通；更广的网络覆盖范围，使得联网成为标配，在使用设备时无须考虑所处的位置是否有网，而不是像现在这样，需要通过蓝牙、Wi-Fi 热点去连接互联网。5G 时代，IoT 设备不再是可有可无的"鸡肋"，更多的软件和服务会瞬间触达终端，不论它是戴在人的手上、头上，还是被安置在田间地头。就像 4G 对手机起到的促进作用一样，5G 将促进 IoT 设备种类以及在这些设备上运行的应用的极大丰富。新硬件、新软件、新服务（后文简称为"三新"）将是 IoT 智能硬件时代的三大主题。那么，三新如何才能快速发展呢？这需要更多的研发人员投入其中，而 IoT 产品经理作为主角之一，必定少不了。

1.1.3　IoT 产品经理供需趋势

先从我个人经历讲起吧。2014 年底，我偶然浏览到智能手表的消息，先是 Google 提出智能手表的概念，再是摩托罗拉推出了智能手表。对于手表品类，我个人比较关注，多了智能的加持，隐约有一种投身于此的冲动。

后来，一段"暴力拆表"的视频深深打动了我，在查到是哪家公司后，我立马投了简历。很快，我通过面试，拿到了录用信。由于这个领域是自己热爱的领域，没有过多地权衡利弊，我就欣然入职了。这也是我进入 IoT 行业的职业起点，如今这家公司已持续几年进入"独角兽"公司之列。

从 2015 年开始至今，我一直浸淫在 IoT 领域。当有猎头问我感兴趣的行业时，我都会说，只关注 IoT 领域，原因有三：热爱、适应、擅长。

热爱，是第一位的，如果没有它，在这个跳槽成本几乎为零的年代，任何工作可能连 1 年都坚持不下来。为什么要强调适应？我遇见过几位能力特别强的产品经理，而且都来自诸如 BAT 这些企业，但最终都没有待特别长时间。不是他们干不好，而是他们无法适应 IoT 的工作方式，尤其是有着多年互联网工作经验的读者，在面临硬件对软件的功能掣肘时，总是显得毫无耐心。所以，这里的适应，不仅是对工作内容的适应（这个很好处理），更是对这种软硬结合、软硬相依的工作方式的适应。后边我会讲到软硬到底有哪些因素，以及它们是如何相互影响的。第三，擅长,这也是 IoT 产品经理的一个门槛。虽然硬件种类众多,但很多元器件,如处理器、传感器等的原理都是相通的,了解得多了,你就知道该用什么,不该用什么,哪个好,哪个差。同理,运行在硬件上的操作系统,不论是 Android 还是 Linux,它们的性能如何、特性如何、功耗水平如何,也可以触类旁通。

据我了解,目前 IoT 产品经理的圈子很小。以智能手表产品经理为例,国内各厂人数加起来也不过百人。而面向 5G 的新硬件、新软件、新服务,对 IoT 产品经理的需求量绝不止如此。

以下两个图能够很好地说明当前 IoT 行业的发展趋势。由于没有专门的正面研究 IoT 产品经理需求的报告,我们可以从侧面略窥一二。首先看图 1-1,这是 36kr 的资料。

图 1-1 IoT 行业发展趋势

如图 1-1 所示,从 2015 年到 2019 年,智能硬件终端企业注册数量增长了 295%。

如图 1-2 所示,百度指数也能印证,虽然国民对"IoT"这个关键词的关注度有所波动,但整体关注度仍呈大幅度上升趋势。

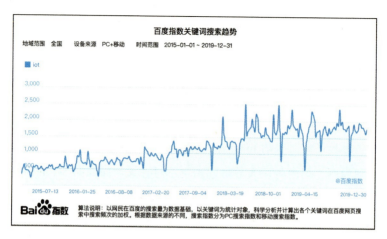

图 1-2　百度搜索"IoT"关键词趋势

在 5G+AIoT 时代，IoT 产品经理大有可为。但也要知道这里不会更容易。

写到这，请允许我引用前美国总统肯尼迪在登月计划大规模实施前的一段话，作为本节的结尾：

> 我们选择在这十年登上月球并做其他事情，不是因为它们容易，而是因为它们很难，因为这个目标将有助于组织和衡量我们最好的能量和技能，因为这个挑战是我们愿意接受的，是我们不愿意推迟的，也是我们打算赢得的，其他挑战也是如此。

1.2　IoT 产品与软件产品

为什么说 IoT 产品是一块新大陆？因为 IoT 产品需要具有与软

件产品不同的知识和技能。IoT 产品需涉及的领域如图 1-3 所示。

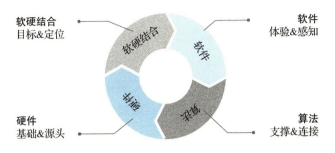

图 1-3　IoT 产品需涉及的领域

为了帮助你更好地理解两类产品涉及的领域的区别，这里列出了一张对比图（软件产品以手机 App 为例），如图 1-4 所示。

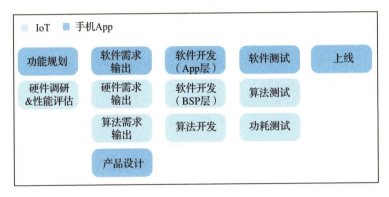

图 1-4　IoT 产品与软件产品涉及的工作流程

我们可以从产品的工作流程看到 IoT 产品与软件产品经理需要关注的相同点和不同点，具体分析如下。

1. 功能规划

对于功能规划，我们可以从思考的范围出发。软件产品经理,只需要考虑一个 App 里的功能,范围大一点可能涉及几个 App 的功能。对于 IoT 产品经理,不仅要考虑软件的某个功能,以及相关功能的互动,也要考虑硬件。而遇到与手机或者其他 IoT 设备的联动时,情况就更复杂了。

这里以移动互联网为例进行介绍。我们都知道著名的"摩尔定律",该定律是指当价格不变时,集成电路上可容纳的元器件的数目每 18~24 个月便会增加一倍,性能也将提升一倍。从另一个角度来说,在一段时间内,移动设备芯片的处理能力和性能是基本不变的。但对 IoT 产品经理来说,每个产品经理手上的"牌"是不一样的,而且有种种限制,例如电池的限制、CPU 的限制、屏幕的限制。如果用扑克牌来形容,可以说 IoT 产品经理手里没有很多牌,且仅有的牌还得仔细考虑如何打才能不输。而软件产品经理手里的牌则比较多,联牌也多。当然,这不是说软件产品经理好做,而是想说明,他们面临的限制可能较少,尤其是来自硬件的限制。

2. 需求输出

手机软件产品经理在确定产品需求时,只需要考虑软件功能,包括页面层级、数据结构、交互方式等。但 IoT 产品经理在确定产品需求时,不仅要考虑软件功能,还要考虑无法脱离的硬件需求。例如实现一个智能穿戴设备的跑步功能,就要考虑如下几个方面。

- ❏ 屏幕多大,要显示什么数据,信息显示的限制如何解决;亮屏策略如何做,怎样才能更省电。
- ❏ GPS 准确度,什么时候定位,如何显示轨迹,GPS 有漂移时如何处理。
- 距离准确度，距离是根据 GPS 的位移为基础计算的。
- 心率传感器准确度，还有一系列如速度、配速、步频、步幅等的计算。

对于更复杂的项目，可能会同时涉及硬件、手机 App、前端、后端等多端，需要考虑相互联动配合。

这里列举了硬件、软件、算法方面的需求输出，简单来说，需求由于相互交织变得更加复杂，IoT 产品经理需要综合能力。

对于要入门的读者来说，也需要刻意培养这样的能力，才能做出更好的产品。

3. 开发

在开发阶段，同理，软件产品经理关注的都是手机端 App 的开发，高级一点的，会兼顾 Android 和 iOS；而 IoT 产品经理不仅要关注 App 层的内容，还要关注硬件底层的开发，也就是所谓的 BSP（Board Support Package，板级支持包）。BSP 这个概念是相对于上层提出的，上层就是 App 层，而 BSP 层则被大家称为底层。软件产品经理不会（或极少会）关注手机的 BSP，但 IoT 产品经理一定会（或深度）关注自己产品的底层。例如需求输出中提到的屏幕的亮屏策略就是 BSP 层控制的，IoT 产品经理需要与开发人员一起讨论，并制定相应策略。

4. 测试

测试的源头在需求，开发的内容就是测试需要检查的内容，所以需求—开发—测试构成了完整的链条。测试不仅涉及软件测试，包括上层 App 以及底层 BSP，也包括算法测试，如果某个功能使用了某个硬件的某个特性开发的算法，那么还涉及算法的功能性和可靠性。最后，最为重要的是，对于强调独立便携的 IoT 设备来说，功耗是很大的限制性因素，也会成为 IoT 设备的测试重点。

5. 上线

上线，即功能发布。OTA（Over The Air）是 IoT 的行话，翻译过来就是升级，因为采用厂商隔空发布给大量用户，再由用户通过网络下载升级的方式，所以被称为 Over The Air。上线的标准，与测试的内容一致：首先功能与需求一致；其次算法准确稳定；再次功耗要稳定，因为功耗的不稳定甚至会导致版本延迟。

1.3 IoT 产品经理能力模型

上一节我们聊到，IoT 产品经理与软件产品经理有很大的不同，他们需要关注的点更多，所以其能力模型也相应更加复杂。

一般来讲，IoT 产品经理能力模型包括心力以及能力两大方面，两者缺一不可。

心力，在管理学上也被称为"认知能量"。什么是认知能量呢？它就像一块电池，是我们面对一件事情时，进行的分析、判断、记忆、实践等行为。

为什么首先强调心力？原因仍然是这里所讨论的复杂性，而且是比以往更甚的复杂性。由于每一个 IoT 产品经理面临的具体产品不一样，所以他们需要解决的问题虽然有共性，但日常更多的是解决各自领域的个性问题。例如智能穿戴产品经理需要解决的问题就与学习硬件产品经理需要解决的问题不一样，他们的产品目标、用户诉求、需求细节都可能不一样。每个产品经理要解决他所在领域的复杂性，就需要心力，还需要将心力这块电池变大，且要时常充电保养。

如果说能有一条线将繁星般的 IoT 产品经理们联系起来，那么除了需要心力，还需要能力。

IoT 产品经理的能力主要包括硬件、算法、软件、软硬结合四个方面，其能力模型如图 1-5 所示。

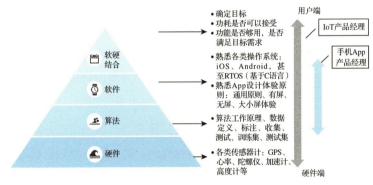

图 1-5　IoT 产品经理能力模型

如何理解呢？

IoT 领域的产品经理会面临更大的复杂性和不确定性，因为 IoT 产品的创造过程涉及更多协作，抽象来说就是图 1-5 中的这四个方面。

1）**硬件是基础和源头**。没有硬件形态、各种组件、传感器，这个产品就是无源之水。

2）**算法是支撑和连接**。功能简单的 IoT 产品不需要算法，但随着 IoT 产品的迭代进化，未来每一个产品上都会有算法的身影，它让产品更聪明，更实用。虽然用户没有办法直接看到它的存在，但却能在实用过程中真切体会到它是连接硬件和软件的关键一环。

3）**软件是体验和感知**。软件，简单说就是操作系统和 App，它们在前台，用户可以直接看到它们，与它们交互。

4）**软硬结合是目标和定位**。每个 IoT 产品都要有一个自己的定位，并在这个定位下生长出自己的硬件形态、算法能力、软件交互。没有软硬结合定位的产品就像一篇没有主旨的文章，虽然有的段落可能很精彩，但读者却并不知道作者要表达什么。

上述四个方面共同构成了 IoT 产品经理的能力模型。最底层是硬件，它是基础，它的形态、性能直接影响着上面所有的部分；上一层是算法，它是连接，负责将硬件能力转化为用户可感知的 AI 能力，并通过软件交互界面展现出来；再上一层是软件，它是感知，用户感知产品除了外观，就是与产品的交互，而绝大部分的交互都是通过操作软件来完成的；最上边一层则是软硬结合，它是定位，虽然看不见摸不着，但它处于核心地位，是一个产品的灵魂。

1.4　产品经理必备技术知识

俗语有云，一个看不懂代码的产品经理不是一个好厨子。虽然没那么夸张，但作为 IoT 产品经理，如果能了解一些相关技术，并在做项目的过程中深入了解关键技术，无疑是有百益而无一害的。

1）了解 IoT 相关技术，能够让你更像一名 IoT 产品经理那样思考。例如，你必须知道你所做的产品处理器性能如何，适合做什么，不适合做什么，才能知道你计划做的功能可以做到什么程度。

2）了解深度项目中的关键技术，能让你在项目中游刃有余，也能让你通过项目积累这方面的理论知识。例如，你的产品要做 eSIM，那么你可能需要了解空发、开卡等相关技术细节，这些细节能够帮助你更好地完成项目，而且在项目结束时，你会发现自己又多了一项熟悉的领域。

1.4.1 趋势：5G 与云计算，下一个浪潮

5G 是指第五代移动通信技术，它的性能目标是数据速率高、延迟少、能源低、成本低、系统容量高并实现大规模设备连接。

高数据速率、减少延迟等目标有些抽象，让我通过下面这个例子让你更直观地理解它。

2018 年我去北京工人体育场看了一场周杰伦的演唱会，拍了演唱会的照片想发朋友圈，但是发不出去。能容纳将近 7 万人的工体几乎座无虚席，于是在这个小范围里的 Wi-Fi 和 4G 网络信号都成了奢侈品，因为数据流量超过了网络的带宽。相信大家在类似场景下也遇到过同样的情况。

未来，随着 IoT 设备的大量应用，4G 网络的这一尴尬表现会明显成为瓶颈，于是 5G 就变成 IoT 时代的"超级英雄"。如图 1-6 所示，5G 的技能主要体现在以下几个方面。

1）**高速率**：比当前 4G 的速度快 10 倍以上，也就是说，10 秒钟就可以下载一部电影。

2）**高可靠性**：由于 5G 是以"连接万物"为目标设计的，

5G 时代下设备的连接数是几百亿，是当前 4G 连接数的 100 倍，所以用上 5G 手机的我们，就不用担心在演唱会现场发不出朋友圈了。

3）**低延时**：延时低于 1ms，意味着等待响应时间大大缩短，大概是 4G 的十分之一。

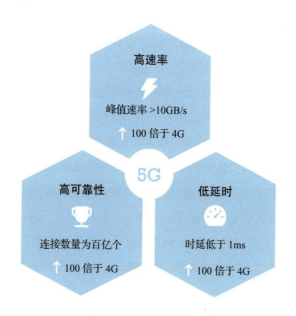

图 1-6　5G 网络的能力

此外，鉴于 5G 一出生就被定位为几乎可以连接任何人和任何设备的网络，它的能力将让移动互联生态进入新的疆域。例如我们之前介绍的 IIoT（工业物联网），就是 5G 对工业界的影响；上文提到的 AIoT，则是 5G 对更广泛的日常生活的影响。

5G 和 IoT 有强大的能力，但这只是下一个技术浪潮的一面，那么另一面是什么呢？是云计算（Cloud Computing）。

云计算，相信大家并不陌生，是分布式计算的一种，是指通过网络"云"将巨大的数据计算处理程序分解成无数个小程序，然后通过多部服务器组成的系统对这些小程序进行处理和分析，得到结果并返回给用户。

我们现在知道，在云端可以部署超大容量、超强算力的服务器，数据处理能力极强。那么 5G 时代，云计算会出现什么样的变化呢？

这里，我想讨论一下 Google 的 Chromebook，它使用的是 Chrome 操作系统。在 Chrome 操作系统中绝大多数的应用都将在网页中运行，用户再也不需要在电脑中安装不同的驱动、必备的装机软件等，而是只需要将电脑连接到网络，直接使用 Web 应用即可。在 Google 的设想里，如果网速足够快，Chrome 操作系统甚至会让用户有不需要关注电脑硬件的感觉，如果更多的数据处理都交给云端服务器，Web 运行消耗的电脑资源将微不足道。我想，这就是 5G+ 云计算的远景。

随着 5G 每秒传输的速度达到几百兆，我们的移动设备可能就不再需要 CPU、ROM 和 RAM 了。以手机为例，它可能就变成一个带屏幕、传感器、电池和网络模块的设备，其他需要计算处理的任务全部会转移到云端。而由于 5G 高速率、高可靠性、低延时这三个特性，数据处理将变得与在本地处理一样快，至少我们自己是没有感觉的。

手机如此，其他 IoT 设备更是如此。硬件工程师们可以将更多精力投入设备更需要关注的能力上，如可以把 CPU 和内存省下来的空间用于增加更多高精度的传感器，以更好地收集第一手数据。

1.4.2 硬件：参数和性能表现

谈 IoT 智能硬件，必然离不开硬件。虽然对于刚入行的产品经理来说，这个领域可能极其陌生，但它将是你每天必须要面对的"猛兽"。所以，最好的应对方式就是拥抱它，让硬件成为你的朋友，而非拦路虎。

1. 电池：智能硬件的阿喀琉斯之踵

在大多数便携设备（没办法始终插电的设备）的电商销售页面评论区，你会发现，在用户抱怨的问题中排名前三的一定有功耗。电池的容量直接影响着硬件设备的使用时长，这是很关键的用户体验。没人愿意每天在百忙之中还要想着给设备充电，而且如果忘了充电会导致第二天无法使用设备。当然智能硬件续航的影响因素有很多，除了电池本身，还有软件的优化等，只是我们这里主要讨论硬件。

硬件上，使用什么样的电池，还有两个决策点：一个是硬件空间，一个是成本。对于大部分便携式硬件来说，较小的体积下，电池几乎是占地最大的地方。图 1-7 展示了一台苹果手机的背板内部。

如图 1-7 所示，这是一台

图 1-7　苹果手机背板

iPhone X，其中竖向的矩形与横向的矩形均为电池。

可见，电池在硬件中占据较大的空间。同时，更大的电池也意味着更多的成本，所以我们更多时候要在续航表现、硬件空间、成本三者之间找到一个平衡。

随着电池产业的发展，好消息是，近年来高密度电池已经可以在较小的体积下实现更大的容量；坏消息是，它会比普通电池贵。这个逻辑可能等同于如今笔记本电脑的"机械硬盘"和"固态硬盘"之争。固态硬盘固然贵，但它的速度还是很令人惊艳的。

2. CPU：智能硬件的大脑

相信大家对 CPU 这个概念已经很熟悉了，随着科技的发展，我们也有了 GPU、TPU 等更加专注和强大的处理器。但是，在智能硬件上，CPU 还是最常见的。

CPU 对于智能硬件的功能影响体现在用户侧。也就是说，在需要提升处理信息和内容的速度，以及需要用到实时处理的复杂算法时，会考虑使用或优化 CPU。

近年来，为了优化智能硬件的功耗，出现了 MCU 这种功耗极低的处理器。严格来说，MCU 不能算是处理器，因为它的处理能力不强，但它的优势在于功耗表现特别好。对于那些性能要求不高的产品来说，这是个很好的选择。毕竟，杀鸡焉用牛刀。

3. 屏幕

屏幕对于智能硬件来说，不是标配，有些业务不需要屏幕就能完成，但有些业务特别依赖屏幕与用户交互。

一般来说，智能硬件的屏幕会很小，信息呈现和交互会很受限制。产品经理在设计功能时，要清醒地认识到这一点，要好好考虑，以免在极小的屏幕上做太多信息呈现和交互。很多实践证明，太多信息呈现和交互不仅不能满足用户的需求，反而会将用户置于一个复杂的交互空间，不知所措。

另一个需要注意的方面就是功耗，屏幕功耗是智能硬件功耗的主要方面，我们需要设计合理的亮屏、灭屏、休眠等策略，以节省电量。

4. 网络模块

之前提到，在 5G 时代，在未来，没有一个智能硬件会脱离互联网而存在，为什么？因为只有通过网络聚合搜集而来的数据才能产生数据智能，进而帮助我们判断决策是否合适。

对于单个用户来说，有云计算的支持，本来在本地很难实现的算法，通过网络与服务器连接，很快就可以拿到云端的计算结果，如果网速还可以，体验是完全不一样的。

智能硬件的网络模块大致可以分为 Wi-Fi 和移动通信模块两种。Wi-Fi 就是我们常说的局域网。移动通信模块，可以简单理解为一张 SIM 卡，它能让智能硬件更加独立。即在一个没有 Wi-Fi 的移动的场景下，通过移动通信模块，用户可以随时接入互联网，享受云端服务。

5. 传感器

相较移动端软件，智能硬件有很多"触角"（传感器），这些触角伸向真实世界的各个角落,然后把数据汇总起来。

在智能硬件时代,通过传感器,我们能收集到更多的数据。这些数据可以为我们的个人生活或者生产活动提供参考依据。在个人生活方面,如智能手表,可以搜集用户贴身的数据,持续监测身体状况。在生产活动方面,如工业机器,可以搜集生产线上的各种数据,分析汇总,进而预测产量以及发现生产过程中可改进的机会。

1.4.3　AI:将算法和大数据应用到智能硬件

先举个例子,Apple iWatch 的最新系列宣布支持游泳监测,包括游泳距离、速度,甚至泳姿。一个可穿戴设备,可以做到这些,靠什么呢?这就轮到算法和大数据一展身手了。

前文提到,有了各种传感器,智能硬件是可以搜集到更多数据的。在监测游泳泳姿时,可以通过传感器中的陀螺仪和加速计获取原始数据,然后将数据交给算法,由算法通过之前约定好的方式来分析数据,如果这些数据符合某个游泳泳姿的规律(这个规律就是之前约定好的方式),则可以判断这些数据对应的时间段用户在游泳,并且可以确定他的泳姿类型。

简单来讲,从数据到算法再到监测结果的过程,很像一个函数:

$$y = f(x)$$

y 是算法结果,是我们需要得到的问题结果;$f()$ 是一个数学方法,是我们总结出来的解决问题的方法;x 是传感器输入的参数,是我们能够采集到的数据。

Tom M. Mitchell 在《机器学习》一书中更正式地定义了机

器学习领域所研究的算法：假如存在学习任务 T，并提供经验 E，以对电脑程序的表现进行评估，若电脑程序在任务 T 上的表现 P 随着经验 E 的增多而进步，那么可以说该程序是从经验 E 中学习了任务 T。

这就是所谓的机器学习（Machine Learning）。

机器学习根据训练方法大致可以分为 3 大类：有监督学习、无监督学习、强化学习。

1）有监督学习是指我们给算法一个数据集，并给定正确答案，由机器通过数据来学习正确答案的计算方法。

2）在无监督学习中，给定的数据集没有正确答案，所有的数据都是一样的，而无监督学习的任务就是从给定的数据集中挖掘出潜在的结构。

3）强化学习更接近生物学习的本质，因此有望获得更高的智能。它关注的是智能体如何在环境中采取一系列行为，从而获得最大的累积回报。通过强化学习，一个智能体应该知道在什么状态下采取什么行为。

在智能硬件被广泛应用之前，机器学习的内容绝大多数来自虚拟网络上的数据，而智能硬件时代让机器学习的内容得以极大拓展。我们不仅可以利用虚拟网络上的数据，还可以利用各类硬件收集上来的数据。如果说，在智能硬件时代之前，我们只有互联网这一个触角来感知世界，那么如今我们则有更多的触角从世界的不同角落收集不同的数据。这些数据的收集和处理都需要机器学习。换句话说，机器学习也将指导我们更好地应对现实中的问题。

让我们再大胆一点，在不久的未来，相信我们的智能硬件不仅都会接入 5G 网络，而且每一个智能硬件都会具备机器学习能力，以 AI 加上 IoT 赋予的能力，改变这个世界的方方面面。例如智能手表的运动姿态监测、智能学习工具上的离线翻译等，这些都是能够让我们的生活更美好的功能。

1.4.4 软件：操作系统和应用

先来看概念。维基百科中操作系统的定义如下：

> 操作系统（Operating System，OS），是一组主管并控制计算机操作，运用和运行硬件、软件资源，并提供公共服务来组织用户交互的相互关联的系统软件程序，也是计算机系统的内核与基石。操作系统需要处理如管理与配置内存、决定系统资源供需的优先次序、控制输入与输出设备、操作网络与管理文件系统等基本事务。操作系统提供了一个让用户与系统交互的操作界面。

操作系统是一个程序，起到连接计算机用户和计算机硬件的作用。

操作系统的类型多种多样，不同的智能硬件，其安装的操作系统也会多种多样。从简单到复杂，它可以像智能电热水壶那样简单到没有操作界面，也可以像智能手机那样复杂到比一台电脑还精密。为了更好地理解操作系统，这里举一个早期 PC 机的例子，如图 1-8 所示。

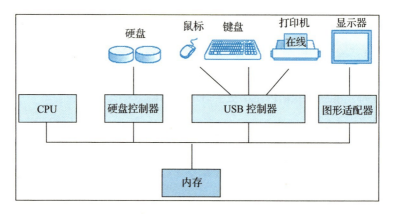

图 1-8　早期 PC 机软硬件架构

结合图 1-8，早期 PC 机硬件部分与软件部分的关系分析如下。

- 硬件：硬盘、鼠标、键盘、打印机、显示器等通过主机接口接入 PC，然后 PC 将各个硬件汇总到内存做调度处理。
- 软件：又分为两部分，一部分是硬件的软件驱动，通俗来说就是用户看不见的操作系统，可以称之为"底层"；另一部分是用户操作界面和 App，这是用户可以感知到的操作系统，可以称之为"上层"。

> **注意** 不论是底层还是上层，IoT 产品经理需要了解，并且需要清楚该产品操作系统的架构：
> 1）是 Android，还是 Linux；
> 2）是否有用户操作界面；
> 3）底层系统包括什么，如何影响你的用户，遇到问题后

要找哪个工程师；

4）上层系统包括什么，如何影响你的用户，遇到问题后要找哪个工程师；

5）底层和上层，它们的优势和劣势分别是什么，产品设计中要注意哪些问题。

一般来说，使用 Android 系统的智能硬件基本都有用户操作界面，而且更加复杂。图 1-9 是 Android 系统标准的 5 层架构，如果我们做区分的话，最上边一层是"上层"——操作界面和 App，其余四层是"底层"，包括一些驱动、硬件参数、硬件调度、电池管理等内容。

图 1-9 所示模型可以说是智能硬件里最复杂的系统模型，如果可以很好地理解它，其他操作系统的架构就很容易理解了。当然，上述 Android 系统的 5 层架构是从技术角度细致划分的，作为产品经理，只需了解即可。

对于智能硬件的操作系统，如果要做一个新的硬件或者要评估某个硬件的操作系统，我们应该主要考察它的哪些方面呢？具体有两点。

(1) 性能

- 稳定性：这是所有操作系统必备的条件，只有具备了稳定性，用户的体验才是顺畅的。
- 流畅性：它关乎用户的使用体验，一个卡顿、反应慢、操作不连贯的系统，很快就会被用户与市场淘汰。
- 可扩展性：这里分为两层，从产品自身来看，是否支持不断迭代，研发成本如何，是否有助于提升开发效率；

从产品体验来看，系统是否可以满足一些动效或者过渡效果。

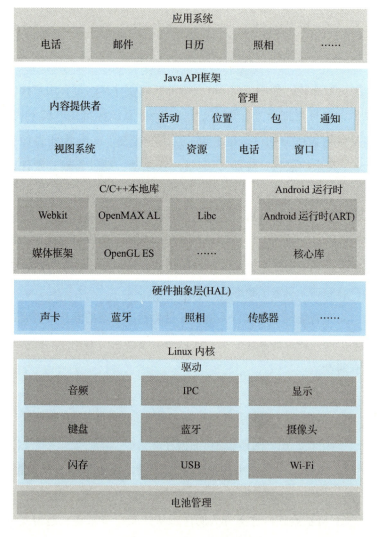

图 1-9　Android 系统架构

（2）功耗

- 对于便携式智能硬件，功耗是很重要的指标。从用户的角度来看，一天充一次电和七天充一次电的体验是完全不同的，所以在选择操作系统时，一定要考虑功耗的影响。

- 即使选定了功耗理想的操作系统，功耗这件事也是需要持续关注的，因为迭代中的某些改动，可能会影响系统某个方面，从而影响功耗。所以，智能硬件系统的每次迭代，都是需要进行周密的功耗测试的。

到此，IoT 产品经理需要了解的技术部分就介绍完了。这里没有艰深的技术语言，目的是给大家一个全貌，培养适合 IoT 领域的产品思维。我希望自己是一块敲门砖，能够帮助大家打开 IoT 领域技术的一扇门。技术在不断进步，我们需要在了解基本原理的基础上，时刻关注新的技术动向，关注技术上的创新实现。让我们一起站在巨人的肩膀上，探寻更好的用户体验。

1.5 IoT 产品经理的职业规划

产品经理今后的发展路径其实很多。因为产品思维，我们可以从用户角度思考一个项目；因为习惯闭环思维，我们可以把一件事情做到完善。所以小米早期做什么工作，都愿意找产品经理来做。例如，小米当初的客服团队需要人手，他们也是直接找产品经理。最后的效果是，小米的客服将服务做到行业最高水平，甚至有一段时间，用户到小米官网的目的仅仅是让客服做一首"藏头诗"，而不是抱怨、投诉。

上面通过一个例子，帮大家侧面理解了产品经理的职业特点。下面我想谈谈 IoT 产品经理在不改行做"厨子"的情况下，有什么样的职业发展路径。这里的职业发展路径，不考虑公司的职级，也不考虑在公司里是否带团队，而是从一个产品经理能力增长的角度，看他的职业规划。

1. 从功能产品经理做起

很多产品经理的理想是做一个千万甚至上亿级别产品的产品经理，挥斥方遒，改变人力生活；但现实是，你刚刚毕业，没有人会交给你一个哪怕完整的 App 来做，你只能从一个按钮开始……

之前看到一篇文章，讲到产品经理不要做功能经理。但我认为，对于一个大学毕业、刚刚进入互联网行业的新人来说，就应该从一个按钮做起，从基础做起。一个个按钮做下来，才能够逐步积累做产品的感觉，培养产品设计能力。大学没有产品专业，刚毕业的大学生没有必要也没有能力去思考整个 App 的表现，所以，从一个小小的按钮开始不失为一个好的开始。人们说改变世界，更多的时候，是从这些微小的改变开始，一点点、一步步让人们的生活更加便捷、舒适。

在产品经理初期，我们要知道几个概念：迭代、数据和用户反馈、深入用户。

迭代的思想如今早已深入互联网人心中，其核心思想，翻译过来就是小步快跑。在如今技术等各方面快速变化的情况下，产品研发速度加快，在保证质量的前提下，每一次迭代都只会满足一部分需求。这样把一个大的需求拆分成多个小需求的好处是，可以控制质量，更有针对性地处理相应的问题。

数据是客观情况的反馈，是我们强有力的工具。基于数据，我们能看到大多数用户在使用产品时的行为模式。用户反馈也是我们可以用到的工具，在与用户交流的过程中，它让我们了解用户的想法，及时调整产品功能，不至于让产品脱离实际。

2. 从功能产品经理到真正的产品经理

如果说刚入行的产品经理做好手头上的事情最重要，那么真正的产品经理不仅需要做好手头上的事情，还需要更多、更系统的思考。对于真正的产品经理来说，认识的不断提升是其重要的必修课，这个阶段已经不仅需要考虑某个功能、某个按钮是否好用，而是需要透过现象看本质：这个需求解决什么问题，如何解决，是否可以更好地解决，以及在解决的同时是否可以实现商业目的等。

从一个小小的点，到一条连起各个点的线，再到多条线连成的面，每一步都有其侧重点，产品经理的进阶之路就是亲身经历每一个阶段，不断磨练，不断精进，突破旧有的工作模式，突破自己，不断进步。

对于 IoT 产品经理来说，更重要的是有态度，也就是之前我们介绍的心力。为什么要在 IoT 产品经理这里再次强调心力呢？因为实现一个 IoT 产品是一个极其复杂的过程，不仅需要做好软件内容，还需要考虑硬件；不仅需要考虑软件项目，还需要考虑硬件进度。在实现某个功能的过程中，你很可能会遇到需要某个硬件支持，进而需要推动硬件部门的工作的情况。有些读者可能认为这样的工作不够纯粹，安安静静地设计功能不是更好吗？如果你是这样想的话,那么IoT产品经理可能不适合你,因为IoT产品经理的魅力就在于此。于纷繁复杂之中,抽丝剥茧,找到线头,然后迎刃而解。起初迷雾重重,后来拨云见日,这种感觉岂不快哉?

除了心力,在能力方面,高级产品经理还需要有定义产品的能力。这里的定义不是指定义一个功能,而是定义一个硬件形态,或者一条产品线。例如,这个产品的目标是什么?解决的问题是什么?定位是什么?如何围绕定位开展相关工作?如何在定位确定后,保证方向不偏离?这些都是IoT产品经理要考虑的问题。

如今我们的工作方式,已经不再是单打独斗,而是高度依赖协作。如何高效地协作,考验的是一个产品经理的综合素质。你有可能要与之前完全没有打过交道的人协作,共同完成一件事情,也有可能要推动合作者完成一件事情,以保证目标有效达成。

高级产品经理,不仅要能设计好功能,还要能合理规划项目,并跟进整个项目;不仅要能看一个项目,还要能同时关注多个项目,从全局的角度统筹兼顾。

综上,IoT产品经理的职业规划,基本就是从功能产品经理,到模块产品经理,再到产品线的大产品经理。

1.6 本章小结

产品经理这个岗位诞生于20世纪20年代的宝洁公司,是为了解决一个产品的定位和营销策略而生的。它经历了Web 1.0时代、Web 2.0 时代、移动互联网时代，以及当前的人工智能时代。2020 年，5G+AIoT 元年，产品经理有了新的分支——IoT 产品经理。

5G 以广覆盖、高带宽、低时延的特性为众多的 IoT 产品接入网络创造了条件。IoT 的生态将极大丰富，新硬件、新软件、新服务将层出不穷，改变我们生活的方方面面。IoT 产品经理也将有更广大的作为之地。

第 2 章 | CHAPTER

IoT 产品经理思维模型

通过上一章对 IoT 产品经理的介绍，相信你已经了解了它的特点。本章将带你进入本书的核心内容——IoT 产品经理思维模型之双金字塔模型。这是我根据这几年的工作经验总结出的一个思维模型，它帮助我从容应对庞杂的工作内容，希望它也能帮助到你。

2.1　IoT 产品经理思维模型总览

IoT 产品经理的工作内容非常复杂，不仅涉及常见的软件层面，还涉及软件下面的算法、硬件层面，在实现重要功能的时候，甚至要往更上一层去考虑问题，即战略问题，也就是我们之前提到的"软硬结合"。而在日常的工作中，除了产品设计，大部分产品经理还担负着项目管理的工作。面对复杂的工作内容，清晰的思路必不可少。如何才能具备清晰的思路呢？这就需要抽象和结构化这两个小助手出来帮助我们了。

可以这样理解抽象：人们在实践中认识到一定事物、状态或过程之间总存在某些相似的方面（共性），把这些相似的方面集中和概括起来，暂时忽略它们之间的差异，就是抽象[一]。

你一定听说过结构化思考，那什么是结构化呢？试着在10s内记下这些数字。

71438059269250741863

是不是什么都没记住？一头雾水？

再试着记下这些数字：

99887766554433221100

是不是特别简单，或者不用10s便能记住？

这就是结构化的魅力。

人类的大脑在处理信息时有两个规律：

- 太多的信息记不住；
- 喜欢有规律的信息。

我们利用抽象，透过纷繁复杂的现象看到本质，再通过结构化将看到的东西重新整合，使之成为一个体系。

那么对于IoT产品经理，是否存在这样一个模型？答案是肯定的。这也是本书要讲的核心内容之一——双金字塔模型，如图2-1所示。

首先，这个抽象的模型是一个四层的金字塔结构，金字塔的

[一] https://www.cnblogs.com/xiezhidong/p/6614057.html。

塔基是硬件，连接是算法，体验是软件，定位是软硬结合。

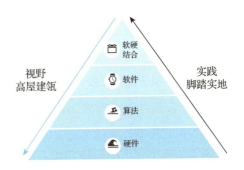

图 2-1　IoT 产品经理思维模型之双金字塔模型

其次，这个金字塔不仅可以反映 IoT 产品的主要特点，也可以成为 IoT 产品经理打造 IoT 产品的思维工具。就像我们使用用户体验要素的五个维度的内容一样，同样可以通过四层金字塔结构，找到并解决问题。

最后，我们可以从金字塔的塔基从下到上思考，如一个硬件有什么配置，这个配置会给算法带来什么能力，算法又赋予软件什么表现，这个表现对于产品有什么样的贡献。也可以反过来，从塔尖开始从上到下思考。

从上到下，是一种高屋建瓴的视野，要考虑产品的定位是什么，它需要什么样的表现，这种表现需要什么算法，需要什么硬件配置。

从下到上，是一种脚踏实地的攀登，我们可以思考：产品需要什么样的硬件，需要什么样的配置，需要有什么样的性能；什么算法能够解决用户的痛点，能够让用户的生活更加便利；什么样的表现能让产品脱颖而出，需要如何设计来迎合用户；最终，硬件、算法、软件三位一体，构成一个完整的硬件产品。

2.2 IoT产品经理思维模型详解

上一节讲到，IoT产品经理思维模型是一个双向思考模型：从上到下，高屋建瓴；从下到上，脚踏实地。下面将分别从这两个方向详细解释该模型，以帮助你更好地理解相应内容。

2.2.1 从上到下，高屋建瓴

也许你看出来了，从上到下的工作方式，与亚马逊CEO贝佐斯推崇的"逆向工作法"很相似。逆向工作法的最大特点是，在制作产品之初，从撰写新闻稿开始就清楚定义如何将产品传达给用户。放在IoT产品的情境下，我们需要思考的是什么能给用户带来实际的价值，如何让用户体会到，而不是产品经理如何认为。

贝佐斯认为，为顾客带去好的用户体验，是一家企业能够坚持下去的保障。具体落地到产品策划上，他的思路是，先搞清楚客户想要什么，再进行逆向操作。

在2008年的致股东信中，贝佐斯写道：亚马逊采用从顾客需求出发的逆向工作法来了解客户需求，耐心探索，不断磨练，直至找到解决方案。逆向工作法的成功案例之一就是鼎鼎大名的Kindle。Kindle的目标是打造一个生态圈，涉足影视、音像市场。Kindle一步步获取用户的信任，最终成为苹果iTunes生态系统最强有力的竞争对手。

美国《连线》杂志在Kindle发布十周年的时候写过这样一段文字。

一开始，Kindle 的开发者就写了一份关于这款产品的新闻稿。这是亚马逊的标准做法：首先设想最终结果，一开始就想好结局，随后往回倒推。Kindle 的初始文档中提到，用户可以通过将设备连接至 PC 端来获得新内容，内容同步方式与 iPod 类似。这就是他们开发的产品。然而他们很快就感觉这个目标太小了。"我们希望，你在马路上想到一本书，然后就可以在 60s 内获得这本书。"项目早期的负责人史蒂夫·科赛尔表示。

如果想要实现 60s 的目标，那么只有一种方式：通过移动通信服务实现。"我们希望这是一款无线设备，但不需要对用户收取手机费。"科赛尔表示。然而，这样的东西并不存在。因此，亚马逊与高通合作开发了名为 Whispernet 的系统，让所有 Kindle 用户都可以使用免费的 3G 上网服务，从而随时随地下载电子书。无论是对 Kindle 团队还是对 Kindle 的早期用户来说，这个功能就像魔法。如果要找出 Kindle 取得成功的最重要原因，那么就是这个[一]。

打个比方，从上到下地思考智能硬件的实现过程，就像产品经理从用户的视角开始，从山顶驾着滑翔伞，纵观软硬结合、软件、算法、硬件，最终到达山脚下的过程。产品经理需要综合考虑上述四个方面，构思产品的最终形态，找出产品能够成功的潜在因素。

一 https://tech.qq.com/a/20180101/000893.htm。

1. 软硬结合

何谓软硬结合？我认为，这是 IoT 产品的应有之意。对于智能硬件，如果单考虑硬件，会限于可触摸和可感知到的硬件表面，可能会有我只是在做一台设备的想法；如果单考虑软件，会陷入软件或算法的重重围堵，可能会有我在做一个系统或应用的想法。显然，两种想法都有问题。智能硬件之所以智能，是因为硬件和软件算法的相辅相成，缺了任何一方，都无法实现它最大的价值。

为什么要软硬结合呢？发挥 IoT 产品更大的价值，是其一。其二，对于市场来说，当今最成功的硬件产品，无一例外都是在软硬结合方面做得极其出色的产品，如苹果的 iPhone。其三，对于用户来说，他们在下定决心买一个 IoT 产品的时候，决定因素是产品是否可感知，以及这种感知能否引起他们的同理心。

如何更好地结合软件和硬件呢？我们需要回答一个问题——用户的"关心点"（即痛点）是什么。从亚马逊 Kindle 的例子来看，当初的开发者关注到了"用户希望快速得到需要的书并马上开始阅读"这件事，加上 Kindle 优秀的墨水屏阅读体验，产品一经推出，用户蜂拥而至。这就是找对了用户的痛点，可以算一条规律。该规律不仅适用于 IoT 产品，也适用于生活中其他各类我们会用到的工具。

找到了用户的痛点，如果产品经理能够把这个痛点完美解决，且解决得比其他竞品都好，那么至少在市场上这个产品是可以成功的。

智能手表的痛点是续航，之后才是搭载其上的各种功能。华为找到了这个痛点，并利用创新的、与竞争对手完全不同的技术方式，直接将手表的续航时间增加到 7 倍（从 2 天提升到 14 天）。当然，为了续航时间，华为起初牺牲了一些看似有用的功能，如应用商店。

事实证明，华为的这一步棋走得很对。以华为 GT2 为代表的可穿戴业务，在 2020 年第一季度增速达到了 62.2%，智能手表业务（GT 业务线占大部分）的市场份额仅次于苹果。我们结合可穿戴设备的数据，回头再看华为当初选择的这一步棋，是不是对其取舍原因了然于心？做一个跟别人一样的产品很简单，但选择做不同的产品，突破性地解决痛点，是最难的，也是最有价值的。

现阶段，国内 IoT 公司或者大公司里的 IoT 部门还都处在野蛮生长的阶段，它们大多不会像小米那样，在其"手机×AIoT"⊖的战略指导下，投入大量资源和成本做突破性开发。当然，这不是说这些公司没有类似的想法，但要综合对投入产出的评估，选择用最小的投入获取最大的回报，从而占得先机，进一步积累能够突破行业壁垒的势能。

从另一方面来讲，在积累势能的同时，尝试一步一步突破产业的瓶颈，才能获取最终的胜利，至少能够为自己在同行业竞争中争取一席之地。

2. 软件

确定了产品的目标，那么恭喜你，可以进入下一层——软件了。

⊖ "手机×AIoT"的主要战略思想：智能手机是主要战场，AIoT 业务（其他智能硬件）围绕手机核心业务构建智能生活。

如果我们从 0 到 1 去考虑，那么需要考虑两部分内容：你该使用什么样的操作系统和你该怎样确定重点功能。

（1）操作系统

当前移动设备最主流的操作系统，莫过于以手机为代表的 iOS 和 Android 这两大阵营。苹果公司为了保证更好的体验，将它变成了一个封闭的系统，也就是说，其他手机、智能硬件厂商都无法使用 iOS 作为操作系统。

相比而言，Android 就很开放，我国的华为、vivo、OPPO、小米等手机厂商所使用的系统都是 Android 的高度定制版。对于智能硬件厂商，Android 也是比较友好的，它的开源项目（Android Open Source Project，AOSP）为想要搭载 Android 系统的开发者提供了源代码。除手机外，利用 Android 平台，各硬件厂商还做出了平板、PC、电视、手表、车载等设备，而且提供了很好的体验。

iOS 封闭，我们无法利用。Android 开放，可塑空间较大。Android 作为一个完整、丰富的移动端生态系统，功能强大，但也存在 CPU 和内存占用率高、系统功耗高等问题。

那么，我们只有使用 Android 这一种方式吗？不是的。

相对于手机或平板这些移动设备，IoT 产品有自己的特点。

- **体积大小不一，大多较小**。例如智能手表、录音笔、智能门锁、扫地机器人等，这些都是我们生活中常见的 IoT 设备，体积都比较小。
- **屏幕形态各异，小屏或无屏**。在上面列举的 IoT 设备的例子中，有的有屏，有的无屏，有的屏幕较小，有的屏幕跟手机一样大，这些屏幕形态不是设计者主观的想法，而是根据产品使用场景决定的。例如，智能手表戴在手腕上，用户需要它舒适轻薄，所以屏幕会较小，且操作系统不宜特别复杂。智能门锁装在门上，用户需要它足够安全可靠、使用便捷，并且符合之前的使用习惯，所以一般没有屏幕。在没有屏幕的设备上，自然的交互是最重要的。

- **CPU 性能不同，杀鸡焉用牛刀**。同样，有的 IoT 产品有强劲的 CPU，如录音笔，因为它要处理音频，记录音频并通过自动语音识别（Automatic Speech Recognition，ASR）技术将音频转化为文字。在算法相同的情况下，对于长时间、内容复杂的讲话，CPU 的性能越好，录音的效果越好，转化的效果也越好。但对于智能门锁，要实现的功能是记录指纹信息，并在用户开门时比对指纹信息是否与储存的指纹一致，对 CPU 的要求就没有那么高，甚至不需要 CPU，一个 MCU（Micro Controller Unit，微控制单元）即可满足需求。

- **功耗要求严苛，阿喀琉斯之踵**。扫地机器人是上述例子中唯一可以插电的，但它在工作时，还是需要持续移动，只有快没有电时才会回到充电座上。一般而言，扫地机器人在充满电的情况下，可以连续工作几个小时，即使可以在需要的时候充电，如何尽可能地延长它的工作时间，也是产品经理需要考虑的问题。

从上述 IoT 产品的这些特点可以发现，除了 Android 系统，似乎还有一些不错的选择，如嵌入式系统。由于最早用在导弹的制导系统里，嵌入式系统最重要的特性是简单、稳定、功耗低。

嵌入式系统也确实更适用于大多数体积较小的 IoT 产品。随着技术的进步，现在的嵌入式系统已经突破了之前的低性能瓶颈，如果配合更好的 CPU/GPU，还是可以适应很多复杂工作的。再加上系统本身功耗较小的特点，在保证一定续航能力的情况下，可以实现更多功能。

这么看起来嵌入式系统简直太完美了，但有一个问题我们无法回避：虽然它可以保证一定的性能，但还是有一定限制，比如无法像 Android 一样拥有酷炫的动画。

嵌入式系统中性能最好的是基于 Linux 开发的系统。当决定使用 Linux 系统时，我们需要对产品的性能有一个认知，即它不可能像 Android 那样全面覆盖用户生活的方方面面。嵌入式系统适合在某种专注的场景下实现几个单一的需求。如果说 Android 是一位精通琴棋书画的才子，那么 Linux 系统就是一位在一门学问上造诣极深的学者。

从产品角度来说，我们需要放弃一些看似酷炫的东西，实现一个可靠、稳定、长续航的操作系统。所以，如何提供好的 IoT 用户体验呢？不是多加功能，反而可能是放弃某些功能，让系统发挥到极致。

（2）软件功能

关于软件功能，同样需要根据产品的目标来进行选择。首先需要基于 IoT 产品的使用场景，其次，需要考虑以下几个方面。

- ❑ **人群**。产品的目标人群是谁？他们的突出特点是什么？他们的行为习惯或偏好是什么？这些问题早在痛点确认的阶段就已经完成，这里再简单回顾下。只有明确了目标人群，才能在做每一个功能的时候知道如何取舍。

- **解决什么问题**。明确人群后,我们要考虑产品要解决哪个或哪几个问题。要解决的问题其实也应该在确定目标时有了雏形,这里对其具体化。
- **场景(如何解决)**。每一个待解决的问题都有其特定的场景,只有将问题放在实际场景中去思考,才能找到更好的解决方法,得到更好的效果。

以儿童手表为例,其目标人群是5~12岁的儿童,他们的特点是正处在培养学习习惯和学习兴趣的阶段,特别需要引导,而非灌输。

针对这一特点,我们来看看在明确目标人群之后,如何用软件解决问题。

- **需要解决的问题**:培养孩子的学习习惯和学习兴趣。
- **场景**:在孩子每天放学回家后,提醒孩子先写作业再看动画片。

明确需要解决的问题和场景后,我们就可以设计具体的方案了。一个大的问题是孩子经常在没有完成作业的情况下去看动画片。长此以往,在刚放学的一段时间里,他是没有心情写作业的,甚至草草了事。

为了解决该问题,帮助孩子养成先做完作业再看动画片的习惯,可能的解决方案是,在孩子到家的时候,利用推送功能提醒孩子先写作业;在孩子按时完成作业时,家长可以通过连接手机给孩子一些鼓励。

学习兴趣需要日常点滴的积累,而非上课那样一板一眼。智能手表作为一个随身携带的产品,可以帮助他们在日常的点滴中养成良好的习惯。

(a) 场景：屏幕交互

在考虑 IoT 软件产品的时候，不能忽视的一个关键因素就是屏幕，特别是拥有小屏幕的便携式产品或可穿戴产品。

在产品设计过程中，一味追求更多功能，呈现更多内容，将自己脑子里的东西一股脑地抛给用户，真的是用户需要的吗？不着急回答这个问题，我们先来看下面这个例子。图 2-2 是两个不同互联网品牌的电视遥控器。

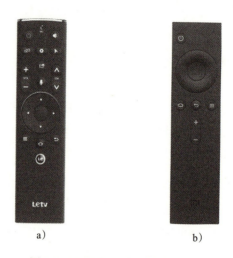

图 2-2　不同品牌遥控器设计对比

从按键排布上看，两者差别很大，一个像传统电视一样有很多按钮，另一个完全不像一个电视遥控器，简洁得不像话；从体验上看，右侧的遥控器至少在我的生活中发挥了很重要的作用，使用时也没有感觉到任何不便。如果你是遥控器的设计者，你会如何思考？

左右两个设计都有存在的价值，没有对错之分，我相信左边遥控器的设计者也做了很多考量。关键在于，用户拿到产品之后，能否快速理解并马上学会使用，而无须研究每一个按钮的含义。

博朗的设计一直是工业设计界的标杆，著名的包豪斯设计风格就是由它发扬光大的。博朗的每一个产品都把简洁做到了极致，受到大量用户的欢迎。不仅如此，它简洁的设计风格在当今也不会过时。图 2-3 是博朗的经典设计之一。

图 2-3　博朗的经典设计

再举一个例子，图 2-4 是某软件不同设计界面的对比图，它与屏幕的展示内容关联更大。

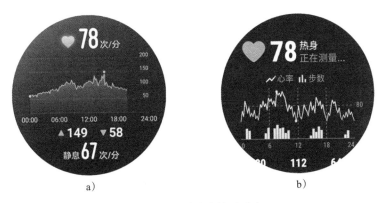

图 2-4　不同设计界面对比

同样是智能手表上心率监测的页面，一个简洁清晰，关键信息一目了然，一个纷繁复杂，几乎无法找到关键信息，而且图表也很复杂。

根据调研，对于右侧的界面，有 60% 的用户无法迅速理解界面上信息的含义，说明虽然该设计展示了更多信息，但忽略了用户的感受。

《简约至上：交互式设计四策略》告诉我们：

> 追求简单易用是人类的本性，无论是互联网产品、移动应用，还是其他交互式设计，简单易用始终都是赢得用户的关键。

而对于设计者而言，简单并不意味着欠缺和低劣，也不意味着不注重装饰和完全赤裸裸，而是说装饰应该紧密贴近设计本身，任何无关的要素都应该剔除。

(b) 软件开发：关注底层

IoT 产品的软件开发不像手机那样，只需要关注 App 的功能和逻辑，还需要关注底层的开发，因为它影响着 IoT 产品的功能和逻辑。

为什么会出现这样的差异？为什么 IoT 产品经理必须关注这些内容呢？我们先来看看 Android 手机的架构，了解一下 Android 系统的层级。

Android 系统的框架分为：应用程序、应用程序框架、系统运行库、Linux 内核层。

对于软件产品经理来说，他们更关注的是应用程序，因为无论是手机还是平板，App 都是运行在已经定制好的系统之上的，所以他们只需要保证 App 在各个系统上运行良好即可，专业术语就叫作适配。

而对于 IoT 产品经理来说，由于 IoT 产品的特性，他们无法仅仅关注应用程序，也需要关注其他方面。

- **IoT 产品需考虑整体体验**。相对于移动终端，软硬结合是最重要的，IoT 产品经理不能脱离硬件产品的体验，而妄想软件的体验能做到多好。一个好的硬件产品往往需要外观、系统逻辑和 App 上的相互配合，合理安排，以提供更好的用户体验。

- **IoT 产品既做系统，也做应用**。一般而言，除了市面上比较通用的系统（如 Wear OS by Google）外，各 IoT 厂商都在自己定制符合硬件形态的操作系统，所以产品经理不仅要定义 App 的功能和逻辑，也需要深度参与定义系统逻辑的工作。例如：如何省电？如何设计灭屏逻辑？等等。

- **IoT 产品形态各异，应用个性化程度高**。IoT 产品的个性化，是由于它们之间的形态各异，服务的场景和人群各异，为了优化体验，以及考虑自身的系统，应用的个性化程度相对较高。加之 IoT 产品会使用多种传感器，而每一个传感器获取的数据又都是个性化的，所以，开发一个 IoT 产品的 App，必须关注底层，关注其逻辑实现。如果把硬件比作一座建筑的地基，那么底层系统就是这座建筑的钢筋结构，App 就是在这些结构中浇筑的混凝土，它们相互依赖，相互成就。

综上，IoT 产品经理不仅需要关注 App 本身的设计，还需要调用系统思维，考虑产品整体体验，考虑系统架构，设计符合相应产品形态的应用或服务。

3. 算法

确定了产品使用的操作系统及实现的功能，下面就要确定算法了。首先来了解一个概念——AIoT。

（1）何为 AIoT

前文提到，IoT 产品近年来被赋予了新的概念：AIoT。

智能物联网（AIoT）是 2018 年兴起的概念，指系统通过各种信息传感器实时采集各类信息（一般是在监控、互动、连接情境下的），在终端设备、边缘域或云中心通过机器学习对数据进行智能化分析，包括定位、比对、预测、调度等。

从字面上看，它就是 AI 和 IoT 的结合，AI 赋予设备以智能，IoT 赋予智能以感知。如果用人体来类比，IoT 就像是感知系统，用来收集外部的各种信息，如通过视觉、听觉、嗅觉、触觉、味觉等收集信息；AI 就像大脑，将这些信息加工汇总，做出决策并控制整个系统。有了 AI 的加持，IoT 从此有了自我修正和自我恢复的能力。

例如，对于一个智能摄像头，如果没有 AI 的加持，它只是作为图像的采集设备，有什么样的图像就记录什么样的图像，不会对图像本身加以区分。对于摄像头来说，每一秒都是"精神高度紧张"的状态，因为它无法判断什么是正常情况，什么是异常情况，所以 CPU 占用率必然会很高。如果有了 AI 和边缘计算的加持，摄像头可以通过智能识别算法，区分出哪些是正常情况，哪些是异常情况，哪些物体不需要注意，哪些物体或人需要特别注意，记录异常情况或需要特别注意的物体或人，甚至发出异常情况警报。

第一代 IoT 设备具有收集、传输、处理、分析、控制等能力，而处理、分析、控制的能力都是基于云端——IoT 设备通过传感器搜集各方的原始数据，然后通过网络或蓝牙连接等方式将原始数据传到云端，由云端通过算法处理并分析信息，给出相应的建议，再通过连接传回 IoT 设备。

随着边缘计算的兴起，IoT 设备进入第二代，AI 不仅可以部署在云端，还可以部署在设备端，这样一些实时性要求很高的 AI 计算就可以在本地进行，无须联网，无须强网络环境，这也是边缘计算给我们带来的好处。

举个例子，在汽车智能驾驶场景，交通道路上的网络状况不一定是最好的，如果无人驾驶或者辅助驾驶的算法依托于第一代 IoT 系统，那么它做决策的速度会变得相对慢一些。而且由于网络有延时性，在开车场景下迟疑 1~2 秒，很有可能面临很大的危险。所以，对于无人驾驶这样的场景，有着本地边缘计算能力的 IoT 系统才能完美适应。例如，在无人驾驶过程中，汽车遇到了突然从路口冲出来的大卡车，在搜集到视频数据的同时，本地 AI 算法就已经识别出前方有危险物体，并立马给出刹车的指示。整个过程完全不需要连接互联网，速度却可以很快。

由此可见，AI 的存在，让 IoT 设备在收集、传输、处理、分析、控制之上，又衍生出了"行动"的能力，而这种能力不仅可以在云端实现，也可以在本地实现。

当前，一些需要实时处理并且实际应用价值很高的 AI 能力被更多地赋予到硬件本身。例如 iPhone 手机已经在它的处理器中中内置了可以支持低光模式的能力——在用户按下快门的同时，手机会同时拍摄 8 张图像和 1 张长时间曝光图像，以最短时间将这些照片通过 AI 算法整合起来，这样，照片拍出来的时候就已经有了很好的效果，而不需要等待网络处理。如果你对某一张不满意，可以再迅速拍一张进行调整，这样的体验比等待联网、软件优化完成再看效果的体验好太多了。今后，越来越多的 AI 能力将被赋予到硬件设备本身，以给用户提供最快、最方便的体验。

（2）如何选择算法

了解了算法如何赋能给 IoT 产品，那么针对具体形态的产品，我们该如何选择算法呢？

削足适履的故事想必大家并不陌生，百度百科对它的解释是：因为鞋小脚大，就把脚削去一块来凑合鞋的大小。比喻不合理的迁就凑合或不顾具体条件，生搬硬套。

对于 IoT 产品算法而言，适用同样的道理。IoT 产品经理需要根据具体的用户场景来选择使用什么算法，达到什么样的标准等，而不是反过来，手边有什么算法，先拿过来用再说。

IoT 产品研发和迭代的长周期特性，使得 IoT 产品经理无法像软件产品经理那样，有更多的机会去尝试，在方向出问题时及时调整。我们需要在初期就定义好产品的目标，算法也一样，研发和应用一个对用户有价值的算法，成本还是比较高的。

选择算法的过程具体分为如下几个步骤。

（a）确定差异化价值点，确定用什么样的算法——定位和功能

在市场上可见的智能硬件品类中，可以说，人们能想到的产品都或多或少有厂商在研发。例如智能耳机，头部产品是苹果的

AirPods，中间有华为、OPPO 等，尾部是一些小厂的产品。虽然价格不一，有的突破 1000～2000 元，有的几十元，但功能上差异不大。

同质化意味着产品没有办法提供亮点，产品的差异只表现在价格和 ID 设计上。如之前所述，我们的产品需要找到适合的人群、场景，并明确要解决什么问题，尤其在红海市场，细分领域或许是一个机会。

波特在《竞争战略》一书中描述了三种竞争战略：**成本领先、差异化、专一化**。基本竞争战略有三种：成本领先战略、差异化战略、专一化战略。企业必须从这三种战略中选择一种，作为其主导战略。简单来说，要么把成本控制在比竞争者更低的程度；要么在企业产品和服务中形成与众不同的特色，让顾客感受到你提供了比其他竞争者更多的价值；要么致力于服务某一特定的市场细分、产品种类或地理范围。这三种战略在架构上差异很大，成功实施它们需要不同的资源和技能，由于企业文化混乱、组织安排缺失、激励机制冲突，夹在中间的企业还可能因此遭受更大的损失。

在细分领域，做到以上三点之一，专攻一个特定的市场，尽可能做到成本较低、有差异化功能，并专注用户体验，会更容易获得市场的认可。

如何寻找细分领域？这就需要结合产品所在公司的特色来确定。如果这个公司有音乐背景，那么它做的硬件应该更偏向音乐用户；如果这个公司有教育背景，那么它做的硬件应该体现其在教育领域已经建立的优势。

马云说，成功的原因千千万万，失败的原因就这么几个。做

IoT 产品失败的大多数公司，都是因为没有利用好或者找到自己擅长的点，并在此基础上开发符合自己基因的智能硬件，无法发挥出既有优势，进而导致失败。如果能利用好自己的算法优势，从现有台阶更上一层楼的话，才能为成功奠定基础。

大疆 OSMO Pocket（见图 2-5）是一个正面例子，为什么这么说呢？大疆 OSMO Pocket 于 2018 年 11 月发布，在它推出的一年内，2019 年 9 月，它的销量已经突破 1000 万台。这无疑是一个成功的产品。OSMO Pocket 的成功，得益于它是在大疆这家公司最强势基因基础之上开发的。

图 2-5　大疆推出的 OSMO Pocket 继承了其已有的算法优势

我们看看其中一个算法的特色功能——智能跟随。

这个功能可以实现：点击自拍，云台相机自动识别人脸并开启人脸跟随；双击屏幕也可跟随任意物体。很厉害吧，不过这不是大疆首次在其硬件上搭载"智能跟随"功能。我们都知道，大疆是无人机业界的佼佼者，已经在无人机领域深耕多年，有很丰富的技术积累。"智能跟随"是无人机功能中的亮点之一，而 OSMO Pocket 继承了这一亮点。所以，一个产品要取得成功，跨界当然有机会，但更好的模式是，利用现有的技术，或者在现有技术基础上给 IoT 产品赋能。

(b) 确定整体功能——算法配合什么软件,可以达到好的效果

上文说到,产品的特色算法功能建立在它已有的"土壤"之上,才更有生命力。对于 IoT 产品的算法来说,我们需要统一考虑算法和功能界面的结合,而不是只考虑算法技术本身。就像一辆汽车,无论你使用了多么高级的辅助驾驶技术,用户无法感知到,在使用的时候发现特别难用,最后还是不会用到。我们要避免的是沉醉在算法的指标里。

所以总结下来,真正有用的算法的特点如下:

- 提供良好的性能,这是基础能力;
- 用户可感知,这是算法交互界面;
- 用户易用,这是体验界面。

良好的性能,自不必说。做到用户可感知却不是一件容易的事,毕竟算法本身包含着复杂的逻辑,如何向终端用户解释清楚,是一门学问。实际上,在实践过程中,不仅仅要对用户解释,也要对内部的营销人员解释。这就比较考验我们能否用好上边三个 Tips 中的后两条。

要做到可感知,算法功能的设计一定不能复杂,也不能增加太多附加条件,否则会让整个过程变得复杂,增加用户理解的难度。在与内部营销人员沟通时,我们可以把他们当作用户,我们希望如何向用户解释,就如何同步给他们。当然对于一些技术细节,如果有公关的需要也可以一并同步,并做一些详细解释,这样可以增加产品的科技感。

用户易用,是建立在可感知的基础之上的。用户理解了算法功能,才能进一步去体验,在体验过程中发现其真正的用途,体会到这一功能对生活的改善。对于多数基于复杂算法的功能来

说，不可避免地会有更复杂的操作，所以产品经理需要更多思考，例如，如何把两步操作变为一步，如何把一步操作变为无须操作。算法这么复杂，如果不需要用户自己动脑或动手，就能自动通过对用户的监测，或者对周围环境条件的监测做出反应，用户体验会更好。

以智能手表上的睡眠 App 为例。最早的 App，需要在用户睡觉前点击"开始睡觉"才可以监测相关数据。试想这个场景：晚上 11 点半，我躺在床上玩手机，其实已经很困了，手上还戴着表。此时会出现两种情况：

- 困得手机从手里滑落，直接睡着，全然忘了还要点"开始睡眠"按钮；
- 迷迷糊糊，还要想着点"开始睡眠"按钮。

如果忘了点按钮，今天的数据就监测不到吗？显然，这不是智能硬件该有的样子。于是很多同类产品都对算法进行了升级，针对用户是否清醒这个状态做了大量调优。现在，智能手表再也不需要你点击某个按钮来告诉算法什么时候开始睡眠，还会精确地告诉你，你什么时候睡着，什么时候醒来，什么时候在做梦。不止如此，就连你中午的小憩，智能手表都可以自动帮你记录下来。

夜间睡眠的数据示意图（其中凸起或凹下的部分表示不同的睡眠状态）如图 2-6 所示。

（c）确定算法目标——需要什么样的算法

下一步就是确定功能需要什么样的算法，并确定算法的关键点和技术指标。

在这一阶段，作为 IoT 产品经理，我们需要根据用户的实际场景清晰地描述需求,包括用户为什么要使用,用户在什么时候什么环境下使用,用户将如何使用,以及使用后可以得到什么样的反馈或结果等。

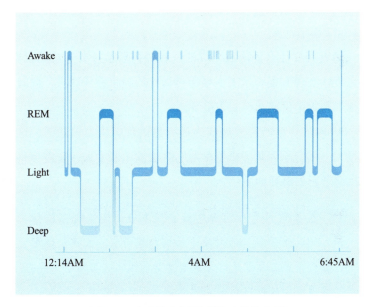

图 2-6　通过算法识别到的睡眠状态图

在输出清晰的文档后,需要算法人员深度参与,一起确定需要什么样的算法,以及哪些点是关键点,需要公关。例如,对于睡眠功能,我们已经知道了用户使用场景是睡觉时的睡眠监测,包括夜间长时间睡眠和午间小憩。那么其中的关键点可能是,如何判断用户是否入眠,以及如何判断短时间的睡眠。因为如果手腕在一段时间内保持静止,有可能会被误以为短时间的睡眠,例如读书时,身体长时间保持不动,再加上传感器多少会有些误差,导致清醒状态被手表误识别为睡眠状态。

上面只是借助睡眠监测来说明在产品需求转化为算法需求的过程中,我们需要与有经验的算法工程师一起,找出关键点,在下一步与技术人员共同针对这些关键点提出解决方案,以免在后续的产品开发过程中埋下更大的隐患。

(d) 算法开发

确定需要什么算法后,算法工程师需要基于要达成的目标,确定具体实现方案。这就需要通过训练数据来完成算法,此时数据种类和数据量的选择尤为重要。

AI算法如今已经发展成为最火热的计算机方向之一,这其中很大一部分原因是"机器学习"算法的不断发展。百度百科上对机器学习的解释如下:

> 机器学习是一门多学科交叉专业,涵盖概率论知识、统计学知识、近似理论知识和复杂算法知识,使用计算机作为工具并致力于真实实时的模拟人类学习方式,并将现有内容进行知识结构划分来有效提高学习效率。

模式识别和机器学习是我们需要了解的两个概念。模式可以理解为一个函数,x是我们输入的待处理的信息,如图像、文字、语音等。将待处理的信息和模式匹配,并输出y的结果,这就是模式识别的应用。模式识别的前身,就是基于待处理数据对规则匹配,所以我们需要基于大量数据人为做一些处理,将这些数据共性用模式表达出来。该模式是一个设置好公式,等待输入x,输出y的模型。这个模型很好理解,它的关键在于公式是由人将规则总结好的。但问题在于,实际情况中的规则有可能是不断变化的,我们之前基于有限数据得出来的规则可能不够准确,需要机器不停地学习新的情况,对输出的结果做调整。那么如何不断学习,而不是始终走一条路呢?

你可能会说,机器学习不也同样是这样一个"模式识别"的过程吗?其实不然,那什么情况属于"机器学习"呢?

机器学习是由计算机自己根据数据的反馈,模拟人类的学习方式,不断对规则进行自我完善的过程。

机器学习的整个过程包括7个步骤,如图2-7所示。

图 2-7 机器学习过程的 7 个步骤

机器学习过程的 7 个步骤分析如下。

步骤 1:收集数据。

定义算法后,确定算法的关键点,收集数据。例如,我们要做一个红酒和啤酒的简单分类算法。我们需要至少两类数据:红酒的数据和啤酒的数据。

除了这些作为通用的数据外,"算法的关键点"也很重要,我们称之为"算法特征"。例如,为了区分红酒和啤酒,我们需要定义几个关键特征,如酒精度数、颜色。注意,算法特征必须是具有代表性的,能够在判断中起决定作用的因素,如果不是这样,就需要重新考虑了。

步骤 2:数据准备。

将收集到的数据进行归类,并列到一个表格里,标明数据特征和我们的算法要区分的酒类——红酒或啤酒的对应关系。

准备数据这一步十分重要,因为数据的数量和质量会直接影响算法的最终结果。

基于我们所收集的数据,可以生成一个这样的表格,如表 2-1 所示。

表 2-1 算法数据搜集表

颜色 (nm)	酒精度数(%)	红酒还是啤酒

在数据准备阶段需要注意,要识别的红酒或啤酒的图片要在数量上达到基本一致,不能出现某一种酒的图片过多的情况,否则可能导致由于在算法中红酒数据较少而无法准确识别红酒,啤酒识别的准确率却很高的情况。除了算法需要识别的目标图片要保证尽量均衡,理想情况下还可以增加一些其他酒类的数据,以保证实际效果的有效性。

为什么除了红酒或啤酒的数据,我们还需要其他酒类的数据呢?根据模式识别的原理,计算机需要知道什么是红酒或啤酒,于是我们给图片标上对应的红酒或啤酒的标签。对于不属于这两类的酒,如白酒这种参考数据,我们给图片标上"其他",这样,可以排除一些可能出现的识别错误。就像我们做产品时,除了需要产品的设计开发人员外,也会需要一些测试人员,从更多的视角观察自己的产品一样，尽量避免"身在此山中"的偏见。

除了数量上尽量保持一致外，我们也需要把数据分为两个部分，一部分用来训练算法，一部分用来验证算法。这就引出两个概念：训练集和测试集。我们利用训练集来训练算法，利用测试集来验证算法，这样才能避免过拟合。

什么是过拟合？百度百科的解释是：

> 过拟合是指为了得到一致假设而使假设变得过度严格。避免过拟合是分类器设计中的一个核心任务。通常采用增大数据量和测试样本集的方法对分类器性能进行评价。

可以用一个例子简单说明：为了得到好的成绩，让机器记住答案，如果是同一份考题，机器会答得很好；如果遇到不一样的考题，它会考得很差。为了避免考得差这样的情况，需要让机器记住大量不同的考题，但是，老师不会重复使用同一份考题，因为即使分数再高，也只是一套考题，而真正的高考，考题是完全不一样的。

步骤3：选择模型。

随着机器学习的不断发展，开发者们创造了很多算法模型，有些模型擅长识别图片，有些模型擅长处理文本，等等。选择模型的工作，不需要产品经理具体参与，而是需要依靠算法工程师完成。

步骤4：训练。

选择好模型之后，下一步就进入训练阶段。这一阶段被认为是算法工作的核心，在这一步我们会利用之前已经整理好的数据来训练模型，让模型具有识别给定物品是红酒还是啤酒的能力。

这个过程，有点像一个不会开车的人学习如何驾驶，一开始他可能都不知道刹车、油门在哪，也不知道如何启动汽车，但随着他不断了解汽车的结构和功能，以及不断地训练、总结经验，慢慢地学会了开车并拿到了驾照。拿到驾照一年后，鉴于他在真实的路况中不断实践，他的驾驶技术会逐渐纯熟，可以应对不同的道路情况，甚至可以自如应对一些突发状况。

训练算法也是类似这样的过程。下面是之前我们提到过的一个算法的抽象模型：

$$y = f(x)$$

y 是算法结果，是我们需要得到的问题结果；$f()$ 是一个数学方法，是我们总结出来的解决问题的方法；x 是传感器输入的参数，是我们能够采集到的数据。

以人学习驾驶为例，这里 $f()$ 就是模型，随着这位驾驶员在各种路况数据和反馈的训练下，模型的技术将逐渐纯熟，y 将越来越精准，即我们所说的预测将越来越精准。

正如你所能够预期的，在初期，算法给出的结果可能会很差，但是算法工程师可以将预测结果与实际应该出现的结果做对比，并调整相关参数，以达到一个比较满意的程度，这个过程被视作进行了一轮训练。

步骤 5：评估。

进行了多轮训练之后，我们认为自己的算法达到了预期，表现也还不错，就要进入下一步：评估。

评估算法需要用到我们在数据准备阶段的测试集数据。在训练阶段，我们所用的数据都是训练集，需要用算法从来没有见过的数据来验证算法是否足够健壮（这个词经常被算法工程师提及，所以如果从产品经理口中说出，他们一定会对你另眼相看）。健壮不仅意味着"过拟合"现象几乎被避免，也意味着算法能够给出相对稳定的预测结果，当然这个结果应该是正确或逼近正确的。

步骤6：参数调整。

评估之后，我们很可能想要看看算法是否可以表现得更好，这就需要继续调整参数，让算法达到更好的状态。调整参数的一般方法是重新检查之前的训练，甚至重复之前的训练，将之前忽略的小问题拿出来做一些实验，看看能否有所改进。

步骤7：预测。

预测，其实就是我们利用已经训练和优化好的算法来预测新的东西是红酒还是啤酒。就好像是通过科一、科二、科三、科四，一个驾驶初学者终于拿到了驾照要上路了。

整个算法的过程就是如此，不管是简单的需求如区分红酒或啤酒，或者更复杂的需求，其实都遵循这7个步骤。IoT产品经理了解整个过程的目的，不是为了成为算法工程师，而是为了更好地利用算法，更好地与算法工程师沟通。

（e）确定测试标准及测试方案——什么样的标准可以达到用户可用状态

经历了确定差异化价值点、整体功能、算法目标以及算法开发这4个步骤，我们的算法终于初见雏形。虽然在算法开发阶段也进行了一些评估、参数调整、预测的步骤，但在将产品推出之前我们还需要更大规模的测试。

所以产品经理需要与测试工程师、算法工程师们确定交付的标准。还是用前文识别酒的种类的例子，我们可以将标准定为区分红酒或啤酒的准确率达到99%。这里先不去探讨准确率的数据是否合理，作为面向用户的产品，标准是相当重要的，这关乎着产品的用户口碑。

（f）售卖你的算法

前文提过，在确定算法相关内容的时候，我们需要重点做到"可感知"。对于IoT产品经理而言，我们需要向普通用户介绍自己算法的可取之处，而不是等待用户去主动了解。介绍算法的方法有很多，比较高效的方法是你的功能做出来之后，主动写一份功能介绍文档，介绍产品的功能、亮点、与其他竞品的区别、领先之处以及如何使用等。这个文档可以用于内部沟通，例如可以分享给销售或市场人员，也可以分享给运营人员，将介绍转化为公众号文章等，使得我们功能的价值以及依托的算法的价值更容易被了解。

> **注意** 这里说的是功能介绍文档，而不是产品需求文档（Product Requirement Document，PRD），产品需求文档是产品经理与研发人员沟通的工具。

4. 硬件

了解了算法，下面来介绍关于硬件，IoT产品经理应该关注哪些方面。

（1）基于目标选择硬件配置

从上到下，我们经历了软硬结合、软件、算法三个层面，现在终于到了最后一部分，IoT产品的基石——硬件部分。

如果我们要研发一款新产品，需要选择什么样的硬件呢？是所有的材料都用市面上最好的吗？如果是这样的话，那么它的成本会很高，价格也会相当昂贵，令普通消费者望而却步。对于IoT产品来说，吸引更多的人来购买，实现利润增长是目标，而且现实中，我们确实不会有那么高的成本预算。如同一支职业篮球队，有一个叫作工资帽的标准限制着整体球队的工资开销，好的球员工资必然高，但你不可能把联赛中所有最好的人都买过来。建队需要有一个指导思想，是主打防守，还是主打进攻，确定最需要什么样的人，然后把最多的钱投到他的身上。

对于IoT产品也是如此，硬件的选择需要根据我们在软硬结合层面确定的指导思想，确定主打什么、最好的材料用在什么地方，其他材料如何搭配。

(2) IoT产品经理的硬件三问

在硬件这一部分，IoT产品经理需要问自己和团队三个问题。

- 问效果：问用户的核心体验是否被满足，我们应该用什么样的软件 + 算法 + 硬件来满足用户？"有的放矢"这个词其实可以反映这样的思想，有了目标，才能判断什么是重要的，什么是不重要的，才能去取舍，进而实现产品功能亮点和实际成本的平衡，达到我们想要的效果。

- 问预期：相应的功能，硬件性能是否支持，是否可以达到预期？对于硬件，IoT产品经理不仅要明确用户体验的痛点，也要对硬件有所要求。IoT产品经理在思想上应该是全栈产品经理，不仅要关注软件，也要关注用户整体的体验。如果用户的某些体验主要依赖于硬件，那么我们就应该对相应的硬件表现提出定性或者定量的要求。IoT产品经理应该杜绝这样的想法：我是产品经理，不是硬件工程师，硬件的东西不归我管。要明确，IoT产品中的任何事情，都是产品经理的事情，这样才能保证良好的用户体验。当然这对产品经理的责任心、耐心程度、业务能力都有很高的要求。

- 问功耗：实现这个功能，需要耗费的电量是多少？功耗对于 IoT 产品来说，是一个很大的挑战，尤其对于那些可随身携带的产品，产品经理需要做到心里有数。甚至，在遇到一个功耗很大的功能时，IoT 产品经理需要及时做出调整，是放弃这个功能，换一种实现方式，还是找出功耗高的原因对产品进一步优化。

上述这些问题只是硬件内容的冰山一角，幸好我们不是一个人在战斗，有很多硬件工程师、开发工程师与我们并肩作战，我们需要与他们紧密合作，团队才是最具战斗力的。在团队中，产品经理一方面要将各个角色拧成一股绳，另一方面要关注用户的痛点，将痛点的体验做到最好，并把控功耗。

至此，我们终于走完了从上到下这一历程，也对 IoT 产品有了大致的了解。但正如我们在前文所说的，从上到下只是其中的一步，我们还要从下到上，从硬件、算法、软件、软硬结合再攀登一遍，只是这次攀登我们身上带着"指北针"和"地图"。这两样东西非常重要，甚至可能影响项目的成败。下面我们就来聊一下如何从下到上攀登。

2.2.2 从下到上，脚踏实地

从下到上，是产品经理经过从上到下的通盘思考后，带着地图，从实现用户痛点的视角开始，攀登这座高山，翻越硬件、算法、软件、软硬结合四大门槛，最终登顶，实现用户价值。

想象一下，你是一名登山者，已经来到了一座被白雪覆盖的千米高山的山脚下，踌躇满志地准备征服它，体验一览众山小的快感。那么你现在最需要的是什么？

你脑海里可能有很多答案，我认为只有两样：一是地图，二是行动。

我想热情在这个时候已经不是问题，或许你会时不时因为登临山巅而激动。那么一份避坑指南，也就是地图就十分重要。地图中标明了你的目标，要走的路线，哪里危险，需要如何做。对于 IoT 产品经理来说，通过从上到下的思考和调研大致就可以将地图绘制完成。

接下来，最重要的就是行动。从山脚一步一步攀登，解决一个一个问题，沿着既定路线，目标明确地向上攀登。

例如，我们要在智能手表上实现游泳监测这个功能，可能是这样几个步骤。

首先需要明确的是，针对这个功能，IoT 产品经理已经走过一遍"从上到下"的过程，有了明确的目标和相应的需求信息。

- ❏ 考察硬件：
  - ○ 用智能手表监测游泳，需要手表具备防水功能，即在硬件上支持防水设计；
  - ○ 如果手表有扬声器，还需要考虑扬声器的排水功能；
  - ○ 同时，如果我们要支持游泳泳姿的自动识别，硬件上需要支持加速计和陀螺仪，以便识别动作。
- ❏ 考察算法：
  - ○ 算法的目标是基于功能的，经过从上到下的思考，功能应该是确定的，即自动识别泳姿、自动识别圈数，以及根据给定的泳池长度自动计算距离；
- 需要我们根据前述算法开发过程确定详细的开发计划、数据收集计划、测试计划以及功能说明文档。

❏ 考察软件功能：
- 这就需要我们设计好游泳监测的开始流程、游泳过程中的信息监测、游泳结束后信息的展示，以及是否给用户总结（不仅是当次的总结，是否可以加上这一次与上一次的对比）等。

❏ 考察软硬结合：
- 既然是结合，其实就是考察我们的功能的整体效果和用户体验。对于某个功能来讲，这就是用户视角，产品经理需要了解用户体会到的功能的可用性和实用性是怎样的，并以此来审视自己的产品，进而发现可能的问题或者优化点。

综上所述，IoT产品从上到下与从下到上的思考和行动方式是相辅相成的，从上到下是前提，从下到上是手段。我国古人有这样一句话，"运筹帷幄之中，决胜千里之外"，说的就是这个过程。作为IoT产品经理，不论我们负责的是小到一个功能，还是大到一个产品，都需要先谋定而后动。只有先确定目标，在执行过程中，才能避免南辕北辙，才能避免由于目标不清晰导致的徘徊不前。

2.3 用IoT产品经理思维复盘项目

2.2.2节的末尾用一个游泳监测功能的例子来说明从下到上的思维和行动过程，但是正金字塔和倒金字塔这两个互补的过程还需要详细解释。所以我将继续用游泳监测功能的例子进行从上到下的复盘,帮助大家更好地理解实践中具体应该如何操作。

IoT 产品经理做任何功能前,需要了解需求的背景及其前置条件:

- 我们依托的产品是成人智能手表;
- 我们产品的功能目标是在成人智能手表上实现游泳监测功能;
- 我们增加这个功能,是希望丰富智能手表的运动功能,扩展产品的用户群;
- 我们的目标用户是数量更多的游泳业余爱好者,而不是专业的运动员。

2.3.1 软硬结合——定位

在开始前,我建议你用 1 分钟回顾一下从上到下是一个什么样的过程,最好在头脑里把双金字塔模型勾勒一下,并标出四层分别是哪些部分。

现在,让我们从顶端开始——软硬结合。

软硬结合,就是要确定产品的目标,确定用户的痛点。在本案例中,我们要实现的功能的目标用户是游泳业余爱好者,他们关心的可能是什么呢?泳姿、圈数、距离、游泳时间、卡路里消耗、摆臂次数、百米配速、Swolf 等。

Swolf 是什么?

> Swolf 是一个游泳专业名词,也是个合成词,源自 Swim 和 Golf。Swolf 是衡量游泳效率的一个指标。它

考虑了游泳的速度和击水次数 (stroke)。

列出了用户可能的痛点之后,我们就可以根据目标用户关心的程度排出优先级。如图 2-8 所示,我们可以分析出目标用户对游泳功能的优先级排列顺序。

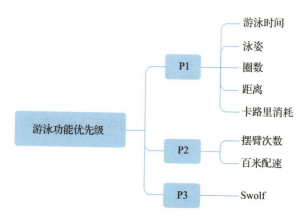

图 2-8 游泳功能优先级

由图 2-8 可知,各痛点的优先级排列顺序如下。

- P1:游泳时间、泳姿、圈数、距离、卡路里消耗。
- P2:摆臂次数、百米配速。
- P3:Swolf。

产品经理经常用 P(priority)来代表优先级,P1 代表优先级较高,P2 的优先级比 P1 低,P3 的优先级比 P2 低,有时还可能有 P0 的需求,可以认为 P0 是优先级最高的需求。结合案例,这里 P1 表示应该有,P2 表示可以有,P3 表示不重要,可以没有。

那么这个优先级是根据什么排列出来的呢?有一个简单而有效的打分框架可以利用。该工具是谷歌产品经理经常使用的框架,它从刚需、高频、重要性三个方面入手,针对这三个方面对每个功能打分,进而分析出优先级,如表 2-2 所示。

表 2-2 需求优先级排序表格

需求名称	刚需程度	高频程度	重要性	总分
需求 1	3	3	3	9
需求 2	2	2	1	5

如表 2-2 所示,满分如果是五分,我们依次按刚需、高频、重要性进行打分,汇总分数,再根据分数从高到低排列,就可以得到经过简单对比分析的优先级排列。

你可以直接使用这个优先级的结果,如果感觉某几项打分有些草率(毕竟是相对主观的打分),也可以调整分数,使之更合理。

根据产品的功能定位和优先级,我们就可以确定哪些需求需要做,哪些需求不需要做,或者晚一点再做。

这里我们关注的其实不是如何排序,而是更本质,或者说对后续影响更深刻的东西——要有意识地分清产品的优先级,有意识地做取舍。因为产品做不好,往往不是因为做得太少,而是做得太多,导致忽略了真正的重点。

2.3.2 软件——表现

接着进入软件层面,在这一步我们同样需要根据"软硬结合"的定位来确定软件功能与交互:给用户交付什么服务?它的流程是什么?信息如何组织和展示?

可以使用《用户体验要素》里的 5 层框架来分析。用户体验要素包括战略层、范围层、结构层、框架层、表现层,如图2-9所示。

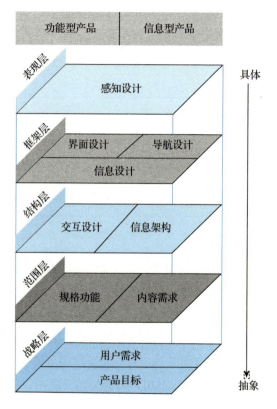

图2-9 用户体验要素架构

1. 交付的服务,属于战略层和范围层

此时要问的问题是:用户的需求是什么?我们给用户提供什么样的服务?结合游泳的例子分析如下。

用户需求:为游泳爱好者提供一个基本游泳功能。

在这里我们需要确认"基本游泳功能"的范围，即确定产品目标，这对于后续的工作极其重要。目标的确定，相当于在探险途中找到了北极星，能够让我们在不清楚方向的时候找到解决路径。有了它的指导，我们也能避免在产品设计过程中遇到的种种疑惑，如：是不是要再加一个数据？是不是要再做一个更酷的交互？

战略层和范围层的指导，相当于产品经理的定心丸，在每一个阶段，产品经理都需要有自己的战略层和范围层的思考，这样才能做到足够聚焦。

2. 流程，属于结构层和框架层

用户需求确定后，下一步我们就需要考虑如何实现功能，即流程。我们需要探讨：使用这个功能时用户的流程是什么？这个流程是否可以简化，以快速实现用户的目标？

对于游泳功能，我们需要计算游泳的距离，首先需要了解泳池的长度，在室内 GPS 是没办法准确获知用户移动的距离的，需要用户自己输入泳池的长度。好在，规范的游泳馆的长度只有两种：50m 和 100m。所以在用户开始监测游泳时，需要先选择泳池长度，再开始游泳动作。

如果用户需要设定一个目标，让智能手表监测这个目标是否完成，那么我们可以在流程上再加一个目标设定。一切设定结束后，用户就可以开始游泳了。

对于整个游泳开始的流程，我们需要考虑哪些步骤是必需的，哪些步骤是冗余、可以移除的，哪些流程的操作方法在当前场景下是可以优化的。例如，在选择游泳池的长度时，最好的方式不是让用户通过小屏幕的键盘输入,而是为用户提供可选项,自行选择。设定目标时,也是同样的道理。

3. 信息的组织和展示,属于框架层和表现层

在这一步,我们需要确定这个功能需要展示哪些游泳的基本数据,包括泳姿、圈数、距离、游泳时间、卡路里消耗等,这些是对信息框架的梳理。

在信息框架梳理完成后,我们需要确定如何展示这些数据,形象点来说就是,我们要为"新房"添置"家具",大致会问两个问题。

❑ 我们需要什么"家具"?
❑ 要把"家具"放在什么地方?

这一步就是要思考把这些"数据家具"放到什么地方才能使布局合理且方便易用,页面也是一个道理。

前一段时间,B 站上有个很火的日本短视频⊖,就是讲合理的信息排布的重要性。这里放两张对比图,大家可以直观感受下,如图 2-10 和图 2-11 所示。

信息展示,是产品经理与设计师一起碰撞的产物。对于产品经理来说,你无须亲自设计出精美的界面方案,而是需要明确每一个信息的优先级,或者说设计用户的"视觉动线"——希望用户首先看到哪些信息,再看到哪些信息。希望用户先看到的信息一定是对他很重要的信息,而那些次要信息可以选择降低展示的优先级,甚至可以直接移除,以最大限度地突出关键信息。这一

⊖ https://www.bilibili.com/video/BV1FZ4y1g74Y?from=search&seid=16662839865500190784。

点对于小屏幕的智能手表来说，是很重要的。

图 2-10　没有经过设计的文字和图片

图 2-11 经过设计的文字和图片

回到我们的游泳功能上,用户显然不会在游泳过程中查看数据,彼时他正在水里游泳,摆臂换气,是不可能看到手表界面的。那么他们什么时候查看数据呢?

- 游完一组之后,中途短暂休息时。
- 游泳活动全部完成之后。

确定了查看数据的场景，下面我们就可以结合这两个场景来设计信息展示的内容及其优先级了。

首先，我们有一个前提假设：为用户展示基础功能。

其次，对于游完一组的情况，用户一般都会靠在泳池边上休息一会，但身体还是在游泳池中，水的浮力会让人不规则地摆动，用户的姿态是不稳定的，这个时候去查看数据，手表的屏幕也会是摇摆的，所以设计时需要考虑将信息放大以适应这种场景。

对于数据本身而言，这时的数据应该是实时的数据，如游了几圈、游了多久、用时多久，消耗了多少卡路里。因为用户在没有完成游泳时，一般只是短暂地瞥一眼手表，看个大致情况，所以此时不需要很复杂的界面，展示实时数据即可，也不需要用户花时间与屏幕交互，看完后，直接开始下一组就好。

在产品设计里，不同的场景意味着不同的设计方式。对于完成整个游泳活动的用户，我们展示的应该是一个详细的总结，不仅包括刚刚在中途展示的内容，还应该包括类似泳姿等信息。我们可以展示一个较完整的总结信息，因为这个时候用户很可能已经从泳池中出来休息，环境相对稳定，有更好的条件查看更详细的数据，并对自己今天的表现做一个快速评估。在突出最关键信息的同时，我们可以搭配一些辅助信息，帮助用户了解关于这次运动的更多信息。

你看，同样的信息展示，不同的场景，展示的策略就会不同，作为产品经理，我们应该对场景做出判断，并安排合适的信息展示，而不是在任何情况下均遵循某一种特定原则。

2.3.3 算法——支撑和连接

2.2.1 节详细介绍了算法开发的 7 个步骤。这一节我们将结合游泳功能，具体讲一下如何开发游泳算法。

这里同样需要先确定关键的算法。在游泳算法中，对于"游泳圈数"的计算是一个重点，也是难点。说它是重点，原因是通过圈数我们可以计算出用户游的距离；说它是难点，原因是游泳中转身的判断确实有难度，不仅需要大量不同游泳习惯的用户数据，还需要详细标注转身的数据，才能做出有效算法。

我们来简单回忆下算法开发的 7 个步骤：收集数据、数据准备、选择模型、训练、评估、参数调整、预测。

首先，需要收集足够多的数据来训练模型。真实的游泳数据很重要，大部分公司都有专门的算法团队或者数据团队，我们可以提出需求。"足够多的数据"其实有两个意思，一是数据量要大，二是数据的种类要丰富。第二点往往更重要，如果收集的数据仅仅局限在几个人，那么再多的数据也没办法训练出很好的算法，因为数据不够多样性，训练出的算法就无法很好地反映更多其他用户的游泳情况。

其次，在数据准备阶段，我们要把游泳数据分为训练集和测试集，用来验证算法的有效性，从而避免过拟合。

再次，算法工程师需要选择模型、进行训练、评估算法、调整参数，而对于产品经理来说，只需要跟进最后一步——预测的效果即可。如果预测结果符合预期，那么我们可以认为产品可用。如果预测不符合预期，我们需要与算法工程师重复上述 7 个步骤来找到解决方法。

有的时候，预期没有达到，不仅仅是算法开发的问题，也有可能是标准制定的问题。就像我们考试没有考到 100 分，可能是我们预期太高，而不是我们不够努力。而且，在算法的世界里，达到 100% 的准确度，是一个无比艰难的工作，至今为止我也没有见到任何一个领域的任何一个算法声称自己可以达到 100% 准确率。

在算法这部分，与功能一样，我们同样需要注意一个问题，就是定位。这里算法的定位是给用户提供基础的数据，所以开发过程中就要避免新增任何与基础数据不相关的算法。这样，我们才能足够聚焦、质量足够高地完成既定的目标，而不是增加很多任务目标，每一项都看似有进展，但每一项都没有做到最好。

2.3.4 硬件——基础和源头

不知不觉，我们到了金字塔的最底部，IoT 产品的基础和源头——硬件。这里再来回顾下，为什么我们要从上到下思考呢？最上方是"目标和定位"，理想情况下，从软硬结合、软件、算法，到硬件，目标和定位就是我们的风向标。硬件更是如此，目标清晰，在选择硬件器件和硬件参数时才不会落入"都要最好的"这种想法。要知道，对于智能硬件产品来说，成本也是很重要的。

对于要支持游泳功能的智能手表来说，首先要满足的条件就是防水。防水在硬件领域有自己的标准，更高的防水等级意味着更严苛的测试标准，以及随之上升的硬件成本，还会影响相关硬件如扬声器的选型。所以，选择合适的防水等级同样重要。常见的防水等级有 IP67、IP68、5ATM 等。如今，相对专业的游泳手表均支持 5ATM 这样的防水标准，表示手表可以在 50m 以下的水中使用（适合游泳池或海滨游泳等较浅水域，不适合深潜等深水活动）。对于我们定义的目标——为用户提供基础的游泳体验，这个标准已经很高了。基础意味着我们的用户不会戴表去潜水，更不会到 50m 以下的地方去。

除了防水，对于游泳的转身数据，我们需要加速计和陀螺仪来监测用户的手臂动作。这两个硬件在智能手表上基本是标配，不过，为了提供更好的用户体验，我们可以选择更高精度的设备。

除此之外，就需要选择扬声器了。游泳为什么会影响扬声器？因为在智能设备上，扬声器是要求设备有开孔的，否则播放的声音无法被清晰地听到，一旦进水，发声效果会大打折扣。所以需要考虑扬声器是具备防水性，还是在游泳过后进行主动排水。主动排水就需要用户自己操作，通过马达振动和扬声器播放一段音频配合将游泳过后残留的水排出。

与游泳相关的硬件就这么多，可以看出，要实现这个功能，需要算法的支撑，而更重要的是硬件为这个功能提供了基本的条件保证。

2.4 本章小结

到这里，"从上到下"的"正金字塔"和"从下到上"的"倒金字塔"的思考就结束了，通过这样一个梳理，你是否能够对正在做或者一直想做的智能硬件产品做一次通盘思考呢？

如果你有什么心得或者经验分享，可以进入公众号"IoT 产品经理实践"进行分享。

第 3 章 | CHAPTER

IoT 产品经理与软件产品经理

经过前两章内容的学习,相信大家已经简单了解了 IoT 产品经理的工作内容、工作特点以及涉及的相关领域。本章将重点讨论 IoT 产品经理与软件产品经理各自的特点,以及如何从软件产品经理转型为 IoT 产品经理。

3.1 IoT 产品与软件产品

虽然 IoT 产品经理和软件产品经理都是产品经理,但二者的工作模式是不同的。这种不同是建立在工作对象不同的基础上的。下面我们先来了解下 IoT 产品和软件产品有什么不同。为了方便理解,IoT 产品以智能手表为例,软件产品以手机工具类

App 为例。

软件产品大家都很熟悉了，主流的就是手机 App，这类产品的特点分析如下。

首先，手机是通用性很强的硬件，所以手机 App 的业务基本不需要考虑硬件限制，并且随着手机性能的不断提升，硬件性能的天花板随之越来越高。当然，手机也存在适配问题，毕竟不是所有手机的性能都能够达到旗舰级别，但这个因素影响程度很小。

其次，手机的主流操作系统只有两个——iOS 和 Android。这两个系统的特性及设计规范已经形成一套完整的理论，绝大多数 App 的产品设计只要遵循这些规范就不会出现很大的问题。需要注意的是，Android 平台在国内和国外可能是两种不一样的景象，国内各大手机厂商对 Android 进行了深度定制，所以这方面，App 有时会对各厂商的定制规范做一些适配。

最后，因为硬件性能基本不存在"天花板"，操作系统也是相对统一的平台，规范明确，所以在规划 App 产品时更多是考虑软件业务和功能。例如可以提供什么样更新、更丰富的内容，如何为用户提供更顺畅的体验，如何提升产品的留存或转化等。这些都是建立在稳定的硬件和规范明确的操作系统上的。

而对于 IoT 产品，硬件、操作系统、软件的情况会复杂一些。

首先，硬件方面，由于适用的场景不同，每一种智能硬件设备的硬件配置也不同。IoT 产品需要考虑自己硬件配置的优缺点，以及性能方面的限制。正如你不可能奢望一个电热水壶提供高级的加热算法一样，它只需要简单的开关和定时功能就可以完成几乎所有工作，因为它的使用场景足够简单。即使是复杂如智能手

表一样的智能硬件设备,我们也只需要考虑它的 CPU 算力是否可以支撑足够复杂的游泳算法,或者是否有陀螺仪和加速计帮助采集游泳数据,进而让 CPU 去处理这些数据。

其次,每一种硬件都有适合自己的操作系统。从扫地机器人到电热水壶,再到智能手表,这种多样性也是建立在使用场景和硬件多样性的基础之上的。IoT 产品面对的都是不同的操作系统。从单片机、Linux,到 Android,任何形态的操作系统都有,而且市面上没有像 Android 一样高度统一的操作系统,几乎每一家智能硬件厂商都需要自己开发系统。

最后,产品的规划更多要结合硬件和操作系统。如果说软件产品经理做产品是"戴着镣铐跳舞",那么 IoT 产品经理做产品就是"在一间狭小的屋子里戴着镣铐跳舞"。智能硬件的限制条件比手机 App 的限制条件多了很多,使得 IoT 产品经理做决策的难度也提升了很多,不过这也是这个岗位的魅力所在——从看似没有办法的情况中,找到微弱的气息,并沿着气息找到洞的出口,然后豁然开朗。

3.2　IoT 产品经理与软件产品经理的差异

上一节讲到,IoT 产品和软件产品的差异主要体现在硬件、操作系统和软件上,IoT 产品经理和软件产品经理的差异则体现在关注点、能力要求、思维模型这三个方面。

3.2.1　关注点的差异

软件产品经理不需要关注硬件和软件底层(软件逻辑层,用户看不到的操作系统），而是需要关注界面逻辑、商业逻辑、变现逻辑，关注的重点是如何让业务更加有黏性、留存率更高。对于商业化要求高的产品，软件产品经理关注的重点是如何提高转化率以及如何提升销售额。

软件产品经理不需要关注手机操作系统如何工作，只需要了解 App 在系统里正常运行即可。

IoT 产品经理不仅要关注界面逻辑、商业逻辑、变现逻辑，还要关注软件底层逻辑，如为了省电，需要关注如何确定息屏逻辑、播放器后台播放、是否要遵循息屏等问题。这些问题在手机操作系统中都有完整的方案，直接利用即可。甚至，IoT 产品经理还要关注算法和硬件如何配合，例如在前文游泳监测的例子里，游泳算法需要有转身的监测，那么硬件上就必须具备陀螺仪和加速计。

3.2.2 能力要求的差异

这里讲的能力要求是指能力范围。作为产品经理，我们一定要有相同的能力范围，这是做产品经理的基础。但产品经理有很多细分工种，例如用户产品经理、数据产品经理、后端产品经理、增长产品经理等。细分工种或多或少有能力要求的差异。以后端产品经理为例，由于主要服务对象是公司内部，要求他们有更多的内部思维，而内部业务一般比较复杂，且每个公司的业务千差万别，所以他们需要更加深入公司业务，以便更好地理解业务，帮助服务的业务部门提高效率，创造更多的价值。

正如我们在第 2 章介绍双金字塔模型时提到的，IoT 产品经理需要花更多的时间处理硬件、算法等工作内容，这也是其与软件产品经理不同的地方。

对于硬件,我们需要了解如下内容。

- 你所做的产品大致有哪些硬件组成部分,例如 CPU、GPU、内存、屏幕、各种关键传感器等。
- 这些组成部分是如何影响算法和软件的。例如,智能手表有了 GPS 传感器,才能判断用户所在位置,提供基于位置的服务(LBS),才能在跑步功能中帮用户记录运动轨迹和运动里程。
- 在硬件影响算法和软件的过程中,哪些是关键因素,哪些需要关注,哪些可以交给硬件工程师。例如,智能手表 GPS 最重要的需求是定位的准确度。准确度之所以重要,是因为基于这一项功能提供的是轨迹和距离这类用户感知很强的外在服务,如果出现偏差,不论用户是否是该领域的专家,都可以一眼看出来。所以智能手表产品经理需要站在用户的角度,向硬件研发人员提出准确度的要求,这也变成 IoT 产品经理需要关注的重点。

对于算法,2.3 节中已经对其进行了详细的介绍,这里不再赘述。其中最重要的是了解算法开发的 7 个步骤,分别是:收集数据、数据准备、选择模型、训练、评估、调整参数、预测。

3.2.3 思维模型的差异

除了能力范围外,IoT 产品经理和软件产品经理的思维方式也存在不同之处。IoT 产品经理遵循的是前文所说的双金字塔思维模型,涉及四个方面,即软硬结合、软件、算法、硬件。该模型阐述了 IoT 产品经理需要具备的知识,且各方面之间是相辅相成的——软硬结合高屋建瓴,告诉产品经理应该全局考虑,将软硬件的能力发挥到最大,软件、算法和硬件是整体效果实现的手段,必须在每一层都做到位之后,才能使软硬结合体现出其价值。

每一层做到位,并将四个层次贯穿起来,就是"端到端"的产品思维。对于 IoT 产品经理而言,由于功能实现的可能路径是遍历软件、算法、硬件,所以路径会特别长,会涉及很多要协调的资源以及要解决的问题。所以在功能开发过程中,任何一件有助于达成最终目标的事都是 IoT 产品经理需要负责的。

简单来说,如果要实现某个功能,IoT 产品经理需要把握全局,统筹兼顾,只做一部分工作是远远不够的。例如智能手表的游泳功能,如果我们只做了页面信息展示的设计,而不考虑数据如何产生,算法如何实现,那么这个功能就会变成空中楼阁。端到端的意思就是,从需求端到用户端,对于其中所有的,会影响需求、用户体验以及过程开发的问题,IoT 产品经理都要将解决该问题作为自己的工作内容并推动改进。正如一名建筑师不仅需要在图纸上画好他的设计,确定使用什么材料进行建筑,还需要时刻准备解决任何在施工中出现的问题,也即要对用户的"入住体验"负责,而不是仅仅对自己的设计图纸负责,IoT 产品经理的职责也是同样的。

3.3 软件产品经理向 IoT 产品经理转型

了解了 IoT 产品经理和软件产品经理的差异后,如果你想做一名 IoT 产品经理,或者从软件产品经理转型为 IoT 产品经理,那么就要从关注点、能力和思维模型上做好针对性的准备，学习相应的知识。

在 IoT 产品这座金字塔面前，关注点、能力和思维模型其实并不是最难的部分，难的是认知（即端到端的产品态度）以及支撑这种态度的心力。

端到端的产品态度已经在上一节做了详细解释，它不仅强调你要有这样的思想觉悟，更重要的是，在有了觉悟之后能够做到"知行合一"，在知中行，在行中积累新知，才能跨越需求与用户之间的鸿沟，提供优秀的用户体验。

那什么是心力呢？

得到 App 上《宁向东的清华管理学课》给出的解释为：心力就是认知能量。当我们注意到一件事情，对它进行分析、判断，乃至于记忆的时候，都是需要花费心力的。

百度百科给出的解释是"精神和体力"。

个人认为，两个解释综合起来才能更好地概括心力。心力不仅是认知能量，也是行动能量。把一件事端到端地做完，给用户提供完整的、体验良好的产品，不仅需要动用脑力进行分析、判断、记忆，也需要动用体力"躬身入局"，脚踏实地地工作，把每一件事落地。

那么如何才能有更多的心力将智能硬件产品做到最好呢？除了管理学家说的那些理论和方法，如通过区分事情的优先级、关注那些真正重要的事情来管理我们的认知能量和行动能量以外，以我的经验来看，更重要的是我们的内心，这包括两个方面：内心的认定、相信的力量。

3.3.1　内心的认定

由于工作的复杂性，需要涉及的内容众多且复杂，做 IoT 产品经理需要从内心接受这份工作，接受它的工作方法，接受端到端，接受硬件、算法、软件的种种限制束缚，然后在这种限制中找到解决办法。

其实，在职场中，我们每个人面临职业选择的际遇殊途同归。有的人可能一开始就遇到一份自己喜欢的工作，那么恭喜你，你只需要加倍努力，不负上天对你的眷顾；有的人可能一开始没有遇到一份自己特别喜欢的工作，但是也要恭喜你，为什么呢？因为穷则思变，面对这种情况，你可能想要换一份工作，会付出巨大的努力，这个过程你的心智和能力会有极大的提升，因为这是你想要的状态。而且一旦达成了自己的职业愿望，你会特别珍惜，因为它来之不易。

如果你现在还不是 IoT 产品经理，想要转岗，我建议你首先从心态上做出改变，充分估计它能给你带来的"愉悦"和"压力"，只有你从内心认定，才能真正享受它带给你的一切。

3.3.2　相信的力量

即使你获得了心仪的工作，也同样会面临很多挑战，最显著的问题可能是工作内容与你的预期不同。

怎么办？换工作吗？我不建议你过早放弃。这个时候需要选择相信，相信你现在做的事情是未来工作的基石。正如乔布斯在斯坦福大学毕业典礼演讲时所说：他的故事之一是关于连点成线（Connecting Dot）——他在大学的选修课中学习了英文艺术字体的课程，这让他能够在后来设计第一台苹果电脑的时候给系统配上极其优雅的字体。可见他过往的经历对后来的事业起到了意想不到的作用，虽然当时并没有意识到这些经历会对未来有什么影响。

我们产品经理也一样，只有回过头来细细思考才能看出来，每个工作内容给我们带来了什么，既然这样，那么就让我们先去相信，相信自己当前的工作一定会在某一天派上用场。

作为年轻的产品经理，我们不需要复杂的"算计"，而是需要客观的衡量，接受工作中可能没那么有意思的部分。当然，这并不是说接受所有工作，具体还要我们自己做出判断，如果这个工作能让个人获得成长，就可以去做。反之，果断拒绝。

这里有一个小提示：如果一项工作摆在你面前，你觉得如果你接受会干不好，甚至可能会丢人，而这件事对于部门或公司又是很有意义的，那么恭喜你，你突破自己的机会来了，我强烈建议接受它，拥抱它，因为做完这个事情之后，不论你的心智和能力都将上一个大台阶。

所以，不需要担心自己的未来，只要相信努力就可以获得回报，只要相信不断迈出"舒适圈"就可以不断成长。

3.4 本章小结

软件产品有三个特点：手机硬件通用性很强；操作系统相对成熟规范；产品建立在稳定的硬件和操作系统基础之上。

反观 IoT 产品，却有三个不同甚至截然相反的特点：由于智能硬件本身的产品形态就各不相同，适用的场景也不同，它们的硬件几乎没有通用性可言；由于第一个原因，所以智能硬件大多都会有自己独特的操作系统；产品建立在不通用的硬件和操作系统基础之上。

所以可将 IoT 产品经理比喻为"在一间狭小的屋子里戴着镣铐跳舞"的人。由于面临的变化更多，限制条件更多，IoT 产品经理的决策难度会变得更大，不过这也是这个岗位的魅力所在。

关注点方面，IoT 产品经理不仅需要关注软件产品经理关注的内容，还要关注硬件能力和参数、软件的底层逻辑，以及算法和硬件的配合。能力要求方面，除了产品经理通用的能力，IoT 产品经理需要了解更多硬件、算法等方面的知识以及掌握一些科学的实践方法；思维模型方面，需要掌握双金字塔模型——软硬结合、软件、算法、硬件 4 层相辅相成，贯穿 4 层做到端到端，才有可能把 IoT 产品做到更好。

心力对于 IoT 产品经理，就像是精神主线一样，爱你所做，并欣然接受挑战。前人的经验告诉我们，只有迈出舒适圈，才能不断成长。

第 4 章 | CHAPTER

打怪：从点到线，从负责一个功能到负责一个模块

上一章我们讲了 IoT 产品经理与软件产品经理的区别，以及如何向 IoT 产品经理转型。在第 4 章和第 5 章，我会带你一起纵观一名初级 IoT 产品经理如何从最开始的"打怪"逐步升级，慢慢成长为一名高级 IoT 产品经理。这其中会涉及一些思维方法，也会涉及一些实践技巧，但更重要的是想告诉你心态才是最重要的东西，虽然"脚踏泥泞"，却"心向彩虹"。

4.1 改变世界，从微小的变化开始

我特别喜欢阿里的一句话：改变世界，从微小的改变开始。

相信每一位产品经理在入行的时候，或多或少都有改变世界的梦想。但现实是，想通过一个产品一举改变世界，是完全不符合实际的。一方面，时至今日，那些在历史上称得上伟大的产品，也只是改变了它所在的行业。如 iPhone 改变了手机行业的发展脉络，导致曾经的霸主诺基亚几乎一夜之间销声匿迹。iPhone 使用户体验到了触屏、应用和电话相结合的美妙感受，可以说它的出现引领了移动互联浪潮，深刻地改变了手机行业。另一方面，从初级产品经理开始，如果想主导设计一款像 iPhone 一样能够改变世界的产品，需要经历很多历练，需要学习很多内容，掌握全面的产品知识技能，做足够多的项目。

在达到这个高度之前，初级产品经理需要沉住气，脚踏实地，解决手上的每一个具体问题，从微小处着眼。这里借用《三国志·蜀书·先主传》中刘备的一句话：不以善小而不为。虽然刘备讲的是做人的道理，但是做产品也是一样，初级产品经理不应该放过每一个细节，应不断精进，将细节打磨到不能再好，这就是"从微小之处改变世界"：一个按钮的精妙设计，一个简洁的跳转，一个明确的提示，都可能通过让体验好那么一点点，改变用户的生活。

实现改变世界的梦想，不仅需要付出艰苦的努力，更需要付出足够多的耐心。打磨一个产品就像养育一个孩子，它刚刚出生时，是一张白纸，没有太多的生活技能，可能还有一些缺点，需要产品经理像父母那样呵护它、照顾它，让它不断成长，从一个功能粗糙的产品发展到一个相对完整的状态。为什么说这一过程需要耐心？孩子刚出生时不会自己吃饭，需要父母喂他，等他长大一点，需要教他如何自己吃饭。到 1 岁左右的时候，孩子还不会走，父母就要耐心地教他学会走路，还要在旁边保护他以免摔倒受伤。每一个产品从开发出来到正式上线前，大概率都需要经过这样的成长过程，它不一定是最完美的状态，很可能是一个半成品，基本功能可以跑通，体验却很差。作为产品经理，你可以回想自己是如何对待自己的产品的，是不是都会仔细验证产品的方案是否已经实现，仔细思考之前产品的方案是否已经达到最合理的状态，是否需要修改？

IoT 产品经理在工作中需要时刻有这样的意识：没有什么不是我的工作。这是对端到端产品经理的要求，只有这样不断打磨每一个影响用户体验的细节，才能真正体现出产品的价值。反之，如果产品经理都觉得这事不归我管，那么很可能出现的情况就是无人去管。我们要避免这种情况发生，因为产品经理要为用户体验负责，而不仅仅负责实现某一个功能。

随着一个一个问题得以解决，产品会逐步完善，进而可以更好地服务用户。作为产品经理，只要你投入其中，这种进步是肉眼可见的，而且你会从中得到满足感。如果你的产品有幸受到用户欢迎，那么恭喜你，你正在慢慢改变用户的生活，你正在改变世界。

作为初级 IoT 产品经理，需要摆正心态，不能奢望自己从职业生涯一开始就做出改变世界的大事。你只需要做好眼前的工作，做好你负责的功能，与团队成员紧密配合，为用户解决问题。

我曾经做过一段时间教育类硬件产品，其间有一件很小的事情打动了我。公司组织向农村留守儿童送了一批产品，用来帮助他们学习英语。该产品是一款可以帮助学生更加快速、高效查词的工具，而且在扫描单词或句子之后，可以自动播放纯正的英文读音。当时还拍了一段视频，当看到孩子拿着我们的产品，扫描单词，然后听到产品播放的英文读音后开始跟读的场景时，我更直观地感受到我们产品的价值及其改变世界的力量。通过该产品，孩子的英语学习效果有可能由此变得更好，因为在农村或者其他教学资源相对薄弱的地区，限于师资或者其他原因，孩子们相对难听到标准的英文读音。但是，通过这么一个小小的产品，我们就能改善孩子们的学习环境，帮助他们更便捷地获取知识。从每一个小小的"善"开始，积累"微小的变化"，就能聚沙成塔，集腋成裘，改变世界。

4.2 产品，从 0 到 1

每一个刚入行的产品经理都有一个执念——想要做一款"从 0 到 1"的产品，但是一般从 0 到 1 的产品并不会让一个毫无经验的产品经理来负责，正如我们不能让一个刚上船不久的水手驾船远航一样。产品经理需要有足够的耐心，正如上节说的，你需要从自己眼前的工作开始慢慢积累经验，提升自己的能力，磨练自己的心智。这里有几点提示。

第一，工作内容积少成多，积累足够经验。 从做一个界面、一个小逻辑开始，认真对待每一个需求，并对需求里的产品、设计甚至技术问题都了然于心。同时，在执行中要注意时间节点和交付成果。每满足一个需求，你就积累了一点经验，随着你满足的需求越来越多，且质量越来越高，你就会受到团队的信任，也就有更大的可能比别人承担更重要的工作，这是一个循序渐进的过程。

第二，随着需求越来越多，你可能需要在同一时间实现两个或者更多的功能，所以在需求能力拓展的基础上，你还要学会管理优先级。大多数情况下，不论你手上的需求如何重合，也基本不会出现所有需求的截止日期落在同一天的情况。这就为我们管理事情优先级提供了可能性。管理需求优先级的方式有很多，这里推荐使用"简化的四象限管理法"。为什么叫简化呢？我们先看看没有简化的"四象限管理法"是什么样，如图4-1所示。

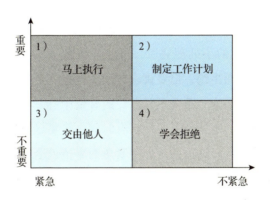

图 4-1　四象限管理法示意图

如图 4-1 所示，我们需要将事情按紧急程度分为"紧急"和"不紧急"，按重要程度分为"重要"和"不重要"，由此划分出四个象限。

1）重要且紧急：马上执行。

2）重要不紧急：制定工作计划。

3）不重要且紧急：交由他人。

4）不重要不紧急：学会拒绝。

但是，按照图 4-1 中给出的方法，有一点对于初级 IoT 产品经理是十分不友好的：不重要且紧急的事情交由他人去做。确实，一个刚入门的产品经理，哪来的下属，如何才能交由他人？所以，为了避免这种尴尬，我对这个四象限图进行了简化。

- **先做"紧急"的事**："紧急不重要"的事，既然没有人可交，那么就用最快的速度做完；而"紧急重要"的事要保证质量，不能单纯追求速度。换句话说，先做紧急的事，紧急的事中先做不重要的事，进而给重要的事情留出足够的时间。
- **再做"不紧急"的事**："重要不紧急"的事情要在所有"紧急"的事处理完后，马上开始做；"不重要不紧急"的事果断拒绝，但要讲求方法。这里需要注意一点，一定不要因为"重要不紧急"的事情中有"不紧急"三个字就真的不紧急了，一旦有时间，需要尽快处理，否则随着截止日期的临近，不紧急的事情就会逐渐变成"重要且紧急"的事情困扰着你，而由于所剩时间不多，你有可能选择草草处理，以至于产生很多问题。

第三，成为优秀的合作者。如何成为优秀的合作者？

彼得·德鲁克在《卓有成效的管理者》一书中指出，作为一名知识工作者，他的原则是：我能做哪些贡献？为了达成整体目标，我如何激励他人做出自己的贡献？他的目标在于提高整体的绩效。

如何理解呢？

在一个组织里，尤其是在想把事情做成高度紧密依赖的合作的高新科技开发组织里，只有每一个环节上的人都充分发挥自己的能动性，并为下一个环节的高效运转提供便利，才能推动整个组织的进步，将事情做成。

优秀的合作者，首先心态上要有合作的意愿，认同自己是团队的一员。其次，要将自己的工作做好，做到没有遗漏。最后，在做好自己工作的基础上，不断改进自己的工作成果，想办法让自己的下游效率更高。

4.3 迭代和敏捷开发

你可能会问，智能硬件产品发布之后，形态不就确定了吗？何来迭代的说法？其实，对于智能硬件产品，由于硬件本身生产周期比较长，一般一个新产品研发周期可能达 8~12 个月，没有办法在短时间内进行快速迭代，但是，其软件是可以持续迭代的。

软件的可迭代性，恰恰给了智能硬件产品一个很好的机会。由于市场竞争激烈，很多时候产品都是被要求在某一个时间节点上完成。在这样的压力下，迭代起着很重要的作用，它为智能硬件产品提供了一个不断完善功能、不断解决问题的机会，让看似平淡无奇的产品，通过不断打磨，变成受人追捧的"明星"。任何一个伟大的产品，都是从一个非常小的起点开始，不停"奔跑"，才成就了它最终的样子。

我们举一个软件的例子，当前的国民级应用微信。在 2011 年 1 月，微信 1.0 发布的时候，它只有两个功能——通过网络发短信和照片。而今，微信能够成为日活 10 亿以上的 App，是通过不断迭代，增加诸如朋友圈、微信支付、公众号、小程序等功能,才达到如今的规模的。其他软件应用也是如此,每一个产品都需要通过迭代来完善自己,不断找到新的机会,进而获得增长。

当然,在软件的迭代过程中,不可避免地会出现一些 Bug。通常情况下,对于软件相关的问题,尤其是影响用户使用的问题,我们是倾向于通过发布新的版本来快速修复 Bug 的。

智能硬件也是如此。由于研发一个新的智能硬件产品的周期太长,我们可以通过软件的不断迭代为智能硬件产品赋予新的能力,让它慢慢成长,不断完善,以提供更好的用户体验。

与互联网产品不同的是,智能硬件产品的软件的迭代是有"天花板"的,这个"天花板"就是硬件平台的能力,包括 CPU 性能、内存、电池等,而且随着迭代的日渐深入,你会发现离天花板越来越近。具体可以回顾下 3.1 节的相关内容。

所以,IoT 产品经理进行产品迭代规划时,不仅需要考虑软件如何迭代以不断完善功能,还需要考虑如何尽可能地将既有硬件发挥到极致。更复杂的是,对于不同的 IoT 产品来说,每一个 IoT 产品经理可能面对的硬件条件都不尽相同,所以更需要"因地制宜",制定与实际硬件条件相符的迭代策略。

你可能会问,既然迭代如此重要,究竟应该如何迭代一款产品呢?当前最常见的方法是敏捷开发。敏捷软件开发宣言是这样介绍的。

> 我们一直在实践中探寻更好的软件开发方法,身体力行的同时也帮助他人。由此我们建立了如下价值观:"个体和互动"高于"流程和工具","工作的软件"高

于"详尽的文档","客户合作"高于"合同谈判","相应变化"高于"遵循计划",也就是说,尽管后项有其价值,我们更重视前项的价值。

在敏捷开发领域,Scrum 是当前最流行的软件开发方法论和实施框架。

Scrum 是用于开发、交付和持续支持复杂产品的一个框架,是增量的、迭代的开发过程。在这个框架中,整个开发过程由若干个短的迭代周期组成,一个短的迭代周期称为一个 Sprint,每个 Sprint 的建议长度是 1~4 周。

在 Scrum 中,使用产品 Backlog 来管理产品的需求。产品 Backlog 是一个按照商业价值排序的需求列表,列表条目的体现形式通常为用户故事。Scrum 团队总是先开发对客户具有较高价值的需求。在 Sprint 中,Scrum 团队从产品 Backlog 中挑选最高优先级的需求进行开发。然后在 Sprint 计划会议上对选出的需求进行讨论、分析和估算,得到相应的任务列表,我们称它为 Sprint Backlog。在每个迭代结束时,Scrum 团队将递交潜在可交付的产品增量。Scrum 起源于软件开发项目,但它适用于任何复杂或是创新性的项目。Scrum 目前已被用于开发软件、硬件、嵌入式软件、交互功能网络、自动驾驶、学校、政府、市场、管理组织运营,以及几乎我们(作为个体和群体)日常生活中所使用的一切。Scrum 框架工作流程如图 4-2 所示。

由图 4-2 可知,Scrum 框架包括的内容大致可分为角色和事件两大类。

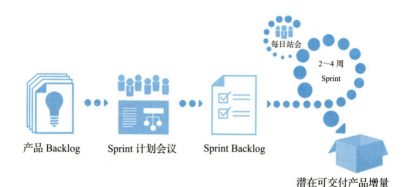

图 4-2　Scrum 框架工作流程

1. 角色

Scrum 框架中包括 3 个角色：产品负责人、Scrum 主管、开发团队。产品负责人可以看作产品经理，或者开发团队；Scrum 主管在理想情况下是项目经理，可以监督和帮助项目组成员按照要求完成自己的工作；现实工作中，如果团队人手不够，产品经理会充当 Scrum 主管的角色，负责整个项目的顺利实施，以及清除挡在客户和开发工作之间的开发障碍。

2. 事件

整个 Scrum 的迭代过程包括以下 4 个大的事件。

- ❑ **Sprint 计划会议**：产品经理整理用户需求，形成需求描述文档。在制定每个迭代版本计划时举行会议，确定这个版本需要更新或修复的内容，由开发团队负责对工作可行性和工作周期进行评估。
- ❑ **每日站会**：一个版本的开发一旦开始，开发人员需要每天和产品经理做短暂的沟通，回顾前一天的进展和问题，规划当天的计划。理想情况下，这个会议是每天都要开的，但实际情况是，不一定每天都有进展，所以还是要根据项目的紧急程度和难易程度来决定站会的具体频率。开会时间段一般选择早上，一方面利于回顾昨日的工作，另一方面利于尽早对今日的工作做一个计划。

- Sprint 评审会议：其实就是产品验收，在迭代周期快结束时，开发团队向产品经理及所有团队成员演示迭代中增加或修复的功能，并接受反馈。
- Sprint 回顾会议：如果版本符合产品设计预期，同时满足质量要求，通常要进行 1 轮或者多轮测试，就可以将迭代后的产品发布上线供用户更新了。在迭代周期结束时，开发团队通过会议来对迭代的过程进行总结，以促使团队自我持续改进。

至此，一个 Scrum 迭代就完成了。这里不讲详细的版本管理方法，因为虽然如今大多数团队都在遵循 Scrum 方法，但每个团队均有自己的习惯，初级 IoT 产品经理需要做的就是参考这里介绍的迭代方法论，了解自己所在团队的迭代规范，努力适应相应的节奏。

最后，即使是硬件，也不是完全没有可能迭代的，这种情况我们称之为边跑边改变。但这种机会不多，更多时候，很多问题还是需要等到产品的下一次重大升级才能得到解决。

4.4 用户反馈和数据

聊了那么多迭代的必要性，那么问题来了，产品迭代的依据是什么呢？这就是本节我们要聊的内容：用户反馈和数据。

4.4.1　用户反馈

用户反馈，是指使用某一产品的用户对产品所提出的关于产品的情况反馈。那什么是反馈呢？

反馈（Feedback）就是用户使用产品后，通过各种渠道发来的对产品的建议和意见。反馈在IoT产品的研发过程中，尤为重要。

反馈分为正反馈和负反馈。正反馈，从字面意思理解，就是正向的反馈，说明用户对产品的态度是积极的，且在日后有机会时，用户是倾向于将产品推荐给其他人的。负反馈，则是负面的反馈，说明用户对产品的态度是消极的，且大概率不会将产品推荐给其他人。

用户对产品表达了正向的反馈，固然应该感到高兴，但我们不能止步于此——用户对产品总体感到满意，说明我们的产品的某些点"击中"了用户，那么是哪些点呢？有的用户反馈会直接将这些点表达出来，例如类似"×××功能真是太好用了"这样的表达，那我们就可以清晰地知道用户的"兴奋点"在什么地方；有的用户反馈不会直接表达出该用户对某一个功能如何满意，这就需要我们进一步去了解。知道了"兴奋点"还不够，既然大多数用户对这一点很满意，那么我们应该继续加强它，让它更完善，更细致，让用户更加满意，从而获得更多的正向反馈，形成一个良性的正循环。产品沿着这条路径会越做越好，用户越满意，就有越多的人向他人推荐产品，从而会有越多的新用户到来。

如果用户表达了负反馈，我们也不用太担心。任何产品，尤其是 C 端产品，面对广大的用户，一定会有很多声音。面对负反馈，IoT 产品经理最重要的是摆正心态，有负面反馈是极其正常的。其次，产品经理应该客观分析反馈，它是一个 Bug，是一个功能缺陷，还是一个用户需求。第三，明确应对的方法，Bug 需要交给研发人员分析解决；功能缺陷需要到产品方案中找问题，分析用户产生该问题的场景是否真实，是否确实有优化的空间；如果是用户需求，那么不要着急反驳，先仔细思考下用户提出此需求的诉求是什么？

讲到这里，你可能会问，既然用户已经直接向产品经理提了想要什么了，为什么还要分析呢？举个《人人都是产品经理》中的例子（非原文）。

> 中午，工程师小张和产品经理小李商量着去哪吃饭。
>
> 小张：我想吃肉包子！
>
> 小李：你为什么想吃肉包子？
>
> 小张：想吃就是想吃还需要什么里有吗？
>
> 小李：要的。为什么呢？你想吃肉包子，大概有两种可能——你饿了，想吃饭；你馋了，想吃肉包子。那么你是饿了还是馋了？
>
> 小张：我是饿了，想吃饭。
>
> 小李：那你的核心诉求就不是吃肉包子，而是进食，馒头、花卷其实也可以帮你解决问题，不是必须要吃包子的。
>
> 小张：……

工作中，我们有时会遇到直接向产品经理提需求方案的用户，但是用户的方案并不能直接作为需求文档。从上边的例子可以理解，产品经理需要分辨清楚什么是用户的需要（想吃肉包子），以及什么是用户真正的需求（饿了想吃饭）。

不论用户给出的是正反馈、负反馈，抑或是具体的需求方案，这都给 IoT 产品经理提供了一个从另一个角度审视产品在用户心中的样子的机会：从用户的口中了解他的真实需求，以及为什么需要。在开发 QQ 邮箱的经验基础上，腾讯制定了一个"10/100/1000 法则"：产品经理每个月必须做 10 个用户调查，关注 100 个用户博客，收集 1000 个用户体验反馈。这个方法看起来有些笨，但很管用，在"反馈—改进—再反馈—再改进"的循环中，不断完善产品，得到了广泛的好评，也获得了极大的成功。

由此可见，产品的研发迭代不止于其上线发布，上线发布仅仅是一个开始。为了交付可以改变用户生活的产品，IoT 产品经理需要不断收集用户的反馈，利用"反馈—改进—再反馈—再改进"的方法，不断完善产品，以满足不同的用户需求，获得更多正反馈。

那么获取用户反馈的渠道有哪些呢？渠道的分类方法有很多，这里我们可以按照渠道正式与否将其分为官方渠道和非官方渠道。

1. 官方渠道

官方渠道主要包括以下几种。

1）**微信公众号**。微信公众号，就是企业运营人员向用户发布新信息和新动态的平台，在这里用户可以留言发表自己的看法，也可以直接给公众号发消息，表达他们的看法（正反馈或负反馈）。一般而言，微信公众号都是由市场或运营部门负责，产品经理需要找到相应的同事获取相关信息。

2）**微博账号**。与微信公众号类似，用户会在微博上留言或评论，表达他们的看法。这类信息也需要与市场或运营部门沟通获取。

3）**电商评论**。电商评论数据属于销售领域，是购后评价，即用户在买到产品并使用了一段时间后，对产品的表现做出评价。由于是在线购买后的使用评价，所以这部分评论很有价值。

相关的，销售侧还会有一类反馈，那就是客服的售前或售后反馈。售前基本是销售资讯，偏向于对功能的询问，售后是使用问题咨询，偏向于解决问题；其中售后问题需要时刻关注，以便随时掌握产品的质量以及用户的使用满意度。

4）**其他网站或媒体账号**，如知乎、头条等。另外，还有一些网站或媒体的账号也需要关注，虽然没办法做到完全客观，但我们一定会从中找到有用的信息，从而更好地从用户的角度认知自己的产品。

2. 非官方渠道

虽然不是官方渠道，但有些渠道的用户反馈会更加真实，作为产品经理也需要第一时间收集相关反馈。例如微信群——在这里产品经理可以和用户及时交流各种问题，小到 Bug，大到产品思路，以朋友的身份与用户聊天，了解他们的想法和需求。如果有一批能够与产品经理不断交流的用户，那么你是幸运的，因为你已经掌握了一个宝库,从这里你可以获取灵感,获取对产品的信息,你可能收获赞美,当然也要接受批评。

用户群等方式,属于非官方渠道,需要产品经理去推动建立,有些时候还需要协调各方资源。例如,你想建一个用户群,从哪里找这些用户呢?可以尝试利用公司微信公众号,投放一个群链接通知用户加入。

非官方渠道的运营方法也很重要,会用到一些与用户交流的原则和方法,建议产品经理与运营人员多多学习,这里不再赘述。

通过这些正向或负向的反馈,产品经理可以真实地了解用户关心或不关心的是什么,同时通过用户的反馈验证之前的假设是否正确,并对之进行修正。

作为 IoT 产品经理,我们需要跟用户保持紧密的联系,随时了解用户使用产品的感受,包括他们遇到的问题、Bug、功能诉求,甚至抱怨等。只有对产品的用户足够了解,才能真正做出让用户满意的产品。

4.4.2 数据

在移动互联网时代,我们比较熟知的数据有日活、月活、留存等,在 IoT 领域,产品数据基本类似,但是也有一些特有的数据,如设备激活以及设备留存。

那么这些数据都是什么意思呢?

1. 激活

产品激活,从用户使用角度来看,就是初始化产品并开始使用的过程。但激活这个词，在数据统计层面来讲，就是另一个概念——代表一段时间产品被初次使用的数量。IoT 产品的激活量，反映了智能硬件产品真实到达用户手中的数量。为什么是"真实"呢？其一，因为每一个激活的数据，都是用户开始使用产品时上报给服务器的。其二，"真实"是相对于销售数量来说的，由于产品销售出去后，产品可能还在运输途中，也可能批量销售到经销商那里作为库存，虽然它们已经销售出去，但还没有到用户手里。所以，"激活量"才能真正反映用户的使用情况。

对于产品经理来说，产品犹如自己的孩子，我们当然希望它受到越来越多用户的青睐，有越来越多的销售量。那么对于激活数据，我们具体需要关注哪些方面呢？

首先，需要关注激活的总量，如上所述，这个量就是真正使用产品的用户数量。激活量通常小于销售量，最理想的情况是激活量等于销售量，但这几乎不太可能出现，因为难免有销售的产品仍在途中。

其次，我们要关注每日、每周、每月的激活量，就像我们要关注每日、每周、每月的销售量一样。我们需要使用横向对比法来观察。以每月的激活量为例，如果我们横向看几个月的销量情况，我们可以看出它的趋势是上升、下降，还是持平，进而反映出产品在市场中真实的接受度，或者说在用户群体中的受欢迎程度。

激活数据是 IoT 产品日活、月活、留存等数据的前提，只有有了初次使用，才会有活跃情况，也才会有持续使用产生的留存情况。

激活，是一个 IoT 产品特有的数据维度，是一个设备数量统计名词，考察的是用户购买产品首次使用的情况。你会看到这样的数据描述：今日设备激活数为1000，这意味着什么呢？统计日当日，用户购买的产品中有1000个被用户首次使用。激活数据也是一个需要排重的数据，用户会在首次使用时不停地探索新的功能，使用的次数必然很多。所以，更方便的方法是，产品可以确定一个激活的动作，在统计时，发现这个动作被执行一次，就记激活数+1。

激活数据能够帮助我们了解产品在市场上的大致表现，激活的统计也可以像日活和月活一样，确定以日为单位、以月为单位，或者更灵活点，按一个自定义周期来统计。

为什么说激活数据能帮助我们了解产品的大致表现呢？因为用户购买并收到产品后，虽然大部分用户会马上进行体验，但也有用户并没有立即激活产品，所以不是完全反映市场表现。

2. 日活和月活

日活（Daily Active User，DAU），即日活跃用户数量，常用于反映网站、互联网应用或网络游戏的运营情况。DAU通常统计一日（统计日）之内，登录或使用了某个产品的用户数（去除重复登录的用户），这与流量统计工具里的访客（UV，独立用户）概念相似。

活跃数中特别需要注意的是"去除重复登录或使用的用户"，因为在一天中，一个用户可能会多次打开某个App，为了统计真实的用户数量，需要将这个用户的所有操作都归为该用户一人，这个动作通常被称为"去重"。例如，今天小张打开某App 10次，小李打开10次，小王打开10次，那么该App的日活不是

30（10 + 10 + 10），而是需要去重——小张的 10 次打开动作被归为一个用户，日活记为 1，小李、小王同理，即 App 的日活其实是 3（1 + 1 + 1）。

月活（Monthly Active User，MAU）是一个用户数量统计名词，指网站、App 等月活跃用户数量（去除重复用户数）。数量的大小反映用户的活跃度，但是无法反映用户的黏性。月活与日活同理，活跃用户数需按照用户维度进行去重统计，即在统计周期（一个月）内至少启动过一次该 App 的用户数。

3. 用户留存

在互联网行业中，在某段时间内开始使用应用，经过一段时间后，仍然继续使用该应用的用户，被认作留存用户。这部分用户占当时新增用户的比例即留存率，会按照每隔 1 单位时间（例如日、周、月）来进行统计。简单来说，留存就是留住用户，让用户长期使用你的产品。

被普遍使用的衡量留存率的方法是多日留存分析（N Day Retention），它可以衡量在某些特定的日期仍然有多少个用户在使用你的应用或产品。其中 N 通常取 2、3、7、14、30，分别对应次日留存率、三日留存率、周留存率、半月留存率和月留存率。这个概念有些抽象，下面我们假设自己是某个 App 的产品经理，可以看到这样的留存数据。

首先要明确，留存率开始统计的日期一般是某用户首次使用 App 的日期。

在本实例中，我们要统计的是第 2 天、第 3 天、第 7 天该 App 的留存率。假设，第 1 天 App 有 100 个活跃用户。第 2 天，昨天活跃的这 100 个用户里有 80 个用户仍然在使用，那么第 2 天的留存率就是 80%（80/100）。同理，第 3 天，在同一批 100 个用户里，有 60 个用户继续使用 App，那么第 3 天的留存率就是 60%（80/100）。

以此类推，算出第 7 天、第 14 天的留存率。

相信你已经看出来了，留存率是以同一批用户为基础的（如本例中的 100 个用户）。由于每一天都会有新的用户到来，每一天的新增活跃用户数都不一样，他们后续的使用情况也不尽相同，所以基于上述统计规则，我们会得到这样一个表，如表 4-1 所示。

表 4-1 不同时间用户留存率变化

App	次日	第 7 天	第 14 天	第 30 天
2018-07-31	92%	67%		
2018-07-30	92%	67%	60%	
2018-07-29	92%	67%	60%	50%
2018-07-28	92%	67%	60%	50%
2018-07-27	92%	67%	60%	50%
2018-07-26	92%	67%	60%	50%

从表 4-1 中可以很清楚地看出，每一天的用户都对应着其后续 N 天相应的留存率。

其中，下面是对于"日活、月活"以及"留存率"的简单分析。

（1）日活、月活

由上文可知，日活代表 IoT 产品某一日的用户使用情况，反映产品短期用户活跃度，月活代表其这一个月的用户使用情况，反映产品长期用户活跃度。

日活和月活的分析可以涉及以下几个方面。

(a) 日活、月活与激活对比

首先,查看日活和月活不应该只关注 1 天或者几天的数据,我们需要考察一段时间内用户的活跃数据,这样才能看出用户活跃的趋势。

- **活跃规律:什么时候用户活跃高,什么时候活跃低。**

  活跃规律有助于我们更加了解用户使用产品的习惯,如果我们发现在一周的某几天日活会升高,而且是规律性的,那么我们就可以针对性地在对应日期做一些产品或运营活动,提高产品功能的曝光率,增加与用户的接触,放大产品的效果。

- **活跃趋势:用户活跃在一段时间内(如 7 天、14 天、30 天),是否有上升或下降。**

  观察活跃趋势让产品经理从时间发展的角度观察产品的发展,例如一个产品投入市场,它是否持续受用户欢迎;又如一个新功能上线,是否能受到用户的喜爱,都可以从一段时间的活跃数据中看出。

- **活跃变化程度:上升或下降是否剧烈。**

  在我们观察活跃趋势时,需要注意趋势上升或下降的程度,如果活跃趋势变化很剧烈,那么我们就需要提高警惕:如果是上升,那么我们需要查看我们做对了什么,继续保持;如果是下降,那么我们需要回顾有哪些效果不好的活动,进而改正。

(b) 日活 / 月活

通常,我们用"日活比月活"得到的数字来评估。日活和月活的比值高，代表一个月有使用产品的用户中，每天都使用产品的用户比例高，也就是产品使用频率高，用户对产品的依赖性强，同时也说明用户黏度较强。另一方面，也代表了用户的流失率低，留存率高。日活和月活的比值低，则用户使用频率低，依赖性弱，黏度较弱，用户流失率高，留存率低。

（2）留存分析

留存的概念我们刚才已经进行了阐述，那么到底为什么要分析留存或留存率呢？因为留存率反映了用户对产品的依赖程度，再通俗一点讲，它能够反映用户是不是离不开你的产品。数据不会说谎，随着时间的推进，它会客观地反映一批用户每天使用产品的情况。所以看留存，也是要看同一批用户次日、7日、14日、30日等日期的使用情况，这就是上边所说的多日留存分析。

一般而言，留存率会随着时间的推进，不断下降，直到接近某个相对稳定的比率。如图 4-3 所示，以 Android 和 iOS 系统上某手机应用为例，App 的留存率在第一天就会流失超过 70% 的用户，到了第 7 天，会流失多达 90% 的用户。

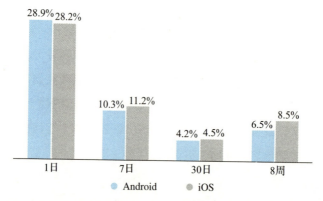

图 4-3　Android 和 iOS 系统上某手机应用留存率（Q3，2019）

留存率的下降是一定的，因为留存率从第一天开始最高，后面的留存情况均无法超过第一天。但是从下降的程度来说每个产品各有不同。

这里我们用前文提到的多日留存分析来检查留存，首先我们需要将所有的用户分成一个个小组，分组的标准是获客日期——用户开始使用产品的日期，同一个日期开始使用产品的用户为同一个组。

通常用户留存有三个阶段：初始阶段、中期阶段和长期阶段。

阶段一：初始阶段

用户留存的初始阶段大致是从用户使用产品的第 1 天开始到第 3 天结束。初始阶段对于产品的用户留存来说十分重要，原因是用户对产品的初次接触，是否满足他们需要，是否符合预期，都会很快得到答案，而如果你能够在短短的时间内吸引到用户，那么大概率他们会增加后续的使用次数。

这很像社会心理学中的"首因效应"，百度百科上关于首因效应的定义如下。

> 首因效应是由美国心理学家洛钦斯首先提出的，也叫首次效应、优先效应或第一印象效应，指交往双方形成的第一次印象对今后交往关系的影响，也即"先入为主"带来的效果。虽然这些第一印象并非总是正确的，但却是最鲜明、最牢固的，并且决定着以后双方交往的进程。如果一个人在初次见面时给人留下良好的印象，那么人们就愿意和他接近，彼此也能较快地取得相互了

解,并影响人们对他以后一系列行为和表现的解释。反之,对于一个初次见面就引起对方反感的人,即使由于各种原因难以避免与之接触,人们也会对之很冷淡,在极端的情况下,甚至会在心理上和实际行为中与之产生对抗状态。

"先入为主"可能是一些偏见,但确实反映了用户使用产品的真实感受,当前用户时间被各种App占据,没有更多时间慢慢了解一个产品,如果在初次使用时就无法被吸引或遇到种种问题,那么后续的留存本就无从谈起。

阶段二:中期留存

中期留存,就是用户留存在初级下降后到接近平稳下降之间的位置,不同的智能硬件产品,中期留存周期各不相同。如果拿两个刚刚谈恋爱的恋人来做类比的话:男孩女孩,初次见面一见钟情,说明初始阶段留存不错,在后边的相处过程中如果能够持续给对方惊喜,那么这部分的留存也会表现不错。在中期,虽然留下来的都是认可产品的用户,但如果没有更多的刺激,用户会逐渐丧失热情,所以这一阶段的产品策略就是不断推出让用户惊喜的功能和能够持续给用户带来提升的功能。

通常,此时的产品策略也会分产品方法和运营方法。运营方法,如定期的活动、新的内容;产品方法:新的功能,大幅改进体验的功能等。

阶段三:长期留存

某种意义上,产品的目标就是保证长期留存足够高。为什么这么说呢?虽然长期留存会比初始留存低很多,但用户经过这么长时间，还能继续依赖该产品的话，说明他们真的需要产品带来的价值。如果每一个获客时间留下的用户开始稳定，甚至留下的用户越来越多，那么产品整体留下来的用户就会越来越多，有助于产品的稳定持续发展。

从图 4-4 可以看出，每一个获客时间小组都留下了稳定的用户，整体的用户累加起来是一个很健康的留存曲线。

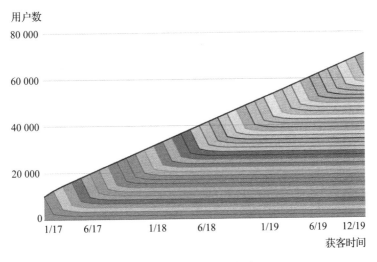

图 4-4　稳定的留存曲线

刚才我们了解了三类数据：日活/月活数据、激活数据、留存数据。日活/月活、留存是互联网产品最常使用的数据。激活数据则对 IoT 产品更加重要。

对于 IoT 产品经理来说，这三类数据都是最基础的数据，我们需要了解它们的统计方法及它们反映出的真实意义。同时，我们也需要关注 IoT 产品中各个 App 的这三类数据，因为我们要了解整个设备的用户使用情况，也要了解设备中每一个 App 用户的使用情况。App 的使用情况变好，设备整体的使用情况才能变好。

正如我们查看反馈一样，查看数据同样是为了更好地了解用户是如何使用我们的产品，我们的想法是否被用户认可等。相对于反馈来说，数据是比较客观的反映，而反馈是比较主观的反映，我们需要综合了解二者的情况，以更好地了解用户使用情况。

需要注意的是，反馈和数据只能帮助我们佐证认知和需求的，不能帮助我们决定任何事情，它们只是辅助工具，所以我们需要对反馈和数据做一定的分析和加工，才能找到真正的问题所在。IoT 产品经理需要警惕用户反馈决定论和数据决定论，不要被片面的信息蒙蔽住了双眼，应该从整体考虑需求，多想一步，多从全局思考产品，相信你会得到更好的答案。

4.5 更好地触达用户

如今，绝大多数互联网公司都以"和用户做朋友"为口号，但是也有很大一部分仅仅变成了口号。在产品实践中，更多的产品经理们会觉得与用户的距离还是很远，产品的决策、版本的迭代安排也没有完全考虑用户需求和反馈。

在产品经理侧，具体表现为：
- 没有与用户直接接触的渠道，例如微信群、QQ 群等社群；
- 没有与运营、售前售后部门建立通畅的交流渠道，无法实时获得用户真实的反馈；

❏ 没有建立用户需求池，对用户的反馈只是碎片化的认知，没有系统进行梳理，没有给用户需求排列优先级。

如果存在以上情况，那么我们可以认为他们的产品是伪·用户为中心。

为什么必须落实"用户为中心"呢？因为及时响应用户的问题和需求痛点，可以让产品更贴近用户。如果用户反馈的问题能在很短的时间内得到改善，会让用户感受到产品对他们的重视，促使他们与产品产生更多的互动，从而培养更高的忠诚度。反之，如果问题反馈后，迟迟得不到解决，会让用户感觉受到了冷落，从而失去对产品的热忱。而且，不断满足用户的需求，而不是"抄"竞争对手，可以让产品在竞争中保持竞争优势。

当前市值最大的公司苹果能够在手机行业长期称霸的原因也是不断推出满足用户需求的功能和服务，如果它仅仅是盯着竞争对手，也许就没有那么多创新功能了。

那么"真·用户为中心"是什么样子呢？

首先，作为 IoT 产品研发团队，整个团队需要有对用户的反馈敏感度，每个团队成员都要积极地接收用户反馈，并积极解决。只有团队上下都有这个意识，"用户为中心"才不会流于形式。

其次，团队需要形成用户反馈闭环机制（User Feedback Circle），包括用户触达、内部流通、问题分析、问题解决四个环节，如图 4-5 所示。

1）正如上面所说的那些"伪·用户为中心"组织中存在的问题，我们要建立与用户直接的触点。IoT 产品经理需要与用户直接联系来保持对产品的敏感，只有了解产品在真实使用场景中出现的问题以及用户在真实场景中的需求,才能设计出用户喜爱的功能。

图 4-5　用户反馈闭环机制

如何建立有效的用户触点呢?建议产品经理多请公司的市场或运营部门做些协助,建立例如微信、QQ 群等可以跟用户实时交流的社群。建立这些社群是一方面,用户对产品在其他渠道的反馈也很重要,例如电商评论、售前售后反馈等,产品经理也需要想办法将这些信息汇总起来,这样才能全面了解产品当前的问题,进而解决问题。

每个公司的产品都有相应的销售和客服部门,找到对应的人员,定期汇总相应的信息应该不难。有些人可能会问,客服问题,客服人员解决不就可以了么,为什么需要产品经理参与?如果你也有这样的想法,请尽快抛弃。IoT 产品中除了硬件质量问题,很大一部分都是产品问题,一方面是 Bug,需要产品经理推动解决，另一方面就是使用问题或新需求问题（一般这类问题会比较少），这些使用问题最终其实都是产品问题，也需要产品经理第一时间了解用户的使用场景，以更好地理解用户的困惑。与用户的接触不仅仅是简单的聊天，而是需要产品经理把自己放到用户的情境中去思考产品如何改进，产品的方向如何演进。

2）建立用户触点后，我们需要建立机制将所有重要问题同步到所有相关部门，避免重要的部门漏掉相关信息，导致产品问题迟迟得不到解决，甚至问题扩大化。大概分为两步：建立问题汇总表格，全部相关团队可见；建立问题追踪会议机制，定期明确重点问题，定期追踪问题处理进度。问题汇总出来，需要对问题进行优先级排序，团队需要根据优先级，在明确的时间内解决问题，切忌"什么都想要"心理；建立追踪会议的目的，是为了统一共识，并且在会上实现高效协同，明确某件事需要由哪个部门负责，需要由哪一个部门来配合处理，从而提升协作效率。

3）内部问题同步流通后，确定下来的问题进入分析阶段，产品经理需要分析问题解决的时间节点，也就是除了明确要干什么，干成什么样子，还需要确定时间，什么时候干完，什么时候可以发布给用户。这就涉及对软件的项目管理，版本发布的节奏。理想的情况是某一产品的软件迭代，类似一辆公共汽车，什么时候发车，什么时候到哪些站点，什么时候到终点站，时间周期都是固定的，产品只需要按着这个固定的节奏安排内容即可。但是，现实的情况没有这么理想化，团队不同，他们的研发进度习惯、协作习惯也不尽相同，产品经理需要发现这些问题，并找到最适合团队的迭代方式。但不论如何迭代，固定周期发布一定是一个好的方式，这样团队会有预期：在什么时候做什么事情也会十分清楚；外部对迭代的周期预期也很清楚。例如一款 App 一直以来迭代的周期基本都是一个月，那么外界对 App 的更新周期的期待就是 1 个月，解决一般性问题或新增某些功能的时间也就是 1 个月，如果没有了周期的概念，用户对产品的期待可能就变成了随时的了，这样研发团队就会很被动，会疲于应付各种需求，而没有时间做真正重要的事情。

4）问题解决，把对应的方案通过用户触点再次回到用户，这就是一次反馈的完结。产品的不断完善和业务的不断发展，就是建立在这个用户反馈闭环机制之上的。如果公司或团队能做到这些，那么就可以说他们的产品是"真·用户为中心"了。

4.6　本章小结

很多产品经理都是怀揣着改变世界的梦想入行，但改变世界并非一朝一夕或一款产品就能实现。你要明白，改变世界可以从微小的事情开始，从用户一点点体验升级开始，进而一点点改变世界。

那么，初级产品经理如何从做一个微小的功能开始，增强自己的能力，担负起一个模块的职责？这个过程需要积累产品经验，更需要注意工作方法，安排好自己的优先级并管理好时间。本章介绍了一种经典但有效的时间管理方法——四象限工作法。

产品经理还需要成为优秀的协作者，因为在当今如此复杂的分工体系下，一个项目不可能由一个人独立完成，特别是在 IoT 产品领域，软硬件紧密结合。团队协作是从功能产品经理到模块产品经理跨越的一道坎。还有一道坎，是学会如何迭代。迭代和敏捷开发思想早已发展成熟。这里介绍了 Scrum 方法。而迭代的依据是用户的反馈和产品数据。由于篇幅限制，这里没有办法详细讲述数据分析的各种方法。有需要的读者可以自行参考其他书。

如果一个刚入行的 IoT 产品经理能够做到上述这些，那么说明他已经具备了从关注一个点（某个功能）过渡到关注一条线（负责一个 App 或一个大的模块）的产品经理的资质了。下一章，我们将介绍产品经理如何从线到面，负责一个 IoT 产品的迭代。

第 5 章 CHAPTER

进阶：从线到面，从负责一个模块到负责一个产品

产品经理从点到线再到面的过渡过程，是一个持续积累的过程，这个过程不仅意味着你需要积累更多的项目经验，更重要的是需要在认知、态度和方法论上有一个质的提升。下面我们就从这三个方面入手，看看需要做什么样的努力。

5.1 认知

关于认知，我们会从用户、产品、技术这三个方面展开论述。

5.1.1 用户：用户口碑是信用飞轮的起点

罗振宇在得到 App 上曾为飞轮效应专门做了一节课，也在

2019年跨年演讲中重点讲了"信用飞轮"这个概念。结合作者在IoT产品领域的工作经历，我认为，产品在面向用户后，与用户的互动极为重要，而最重要的是用户的反馈。如果反馈持续向好，那么我们可以认为产品的用户口碑好，反之，则用户口碑比较差。这里说口碑是信用飞轮的起点，其实是想说口碑是信用飞轮中十分重要的动力，没有了用户积极的口碑，信用飞轮就没办法持续转动下去，更不会越转越快。IoT产品也是有其对应的飞轮效应的。

我们先来看下百度百科对于飞轮的定义。

> 飞轮（Flying Wheel），转动惯量很大的盘形零件，其作用如同一个能量存储器。
>
> 这里的转动惯量是指如果一旦转动起来，其惯性是倾向于越来越大的，换句话说，物体的惯性越大，它运动起来就越难停下来，大概就是这么个道理。

我们再来看看MBA智库百科对于飞轮效应的定义。

> 飞轮效应指为了使静止的飞轮转动起来，一开始你必须使很大的力气，一圈一圈反复地推，每转一圈都很费力，但是每一圈的努力都不会白费，飞轮会转动得越来越快。达到某一临界点后，飞轮的重力和冲力会成为推动力的一部分。这时，你无须再费更大的力气，飞轮依旧会快速转动，而且不停地转动。

理解了上述概念，下面让我们以亚马逊为例，领略一下"别人家的公司"有什么样的飞轮，以及它是怎么转起来的。

亚马逊最主要的业务板块是三个。

第一个，是 Amazon Prime 会员服务。你可以通过购买会员资格享受亚马逊提供的服务和优惠活动，如免费送货、商品折扣等。会员资格一般是一年有效期，有效期过后，如果想继续享受这些特权，需要继续购买。

第二个，是第三方卖家平台，即亚马逊的第三方平台。这一点，相信对京东熟悉的读者会有所了解。京东有自营的一部分业务，也为第三方卖家提供了很多空间，让其在平台中售卖商品，而且会提供很多免费的服务来帮助商家卖货。亚马逊也是类似这样的经营模式，它既有自营的品类和领域，又有第三方商家经营的领域。

第三个，就是在云服务商中占统治地位的亚马逊的云服务 AWS。世界上众多公司的云服务都基于该云服务，例如 Airbnb、壳牌等。

这三个业务看起来没有任何关系，但如果我们把这些业务连起来，就会看到一个完整的闭环。

亚马逊 CEO 贝索斯自 1997 年起，每年都会给股东写一封信，24 年来从未间断。有意思的是，在每一封股东信的后面，他都会附上 1997 年发出的第一封股东信的文稿，仿佛在不断地告诉世人：你看，20 多年来我们一直在反复强调的、一直在做的事情，和 1997 年没有任何不同。花力气推动飞轮转动，并让飞轮不断转下去，这样的飞轮效应才是真正重要的。

亚马逊用了 20 多年才建立了现在这样一个信用飞轮，而且仍然在不停地推动它转动。如果你是一家初创公司，你的产品还没有那么家喻户晓，那么从一开始你就要花很大的力气去推动信用飞轮转动。

IoT 产品更是如此，只有建立了一个健康的信用飞轮，业务才能持续健康地发展下去。那么 IoT 产品的信用飞轮是什么样的呢？如图 5-1 所示。

图 5-1　IoT 产品的信用飞轮

IoT 产品的信用飞轮包括四方面内容，具体分析如下。

1.产品

（1）产品质量

本章开头提到，信用飞轮的起点是用户口碑，那么产品功能则是保证用户口碑的基础。对于以产品功能为主要竞争力的 IoT 产品来说，尤其如此。而产品功能的实现，最重要、最基础的前提是对产品质量的把控。试想，当一个产品发布后，如果用户满怀期待地打开包装盒，开始使用产品，没有使用多长时间就出现电池耗光，或者主要功能存在严重 Bug 的情况，那么该产品就会给用户留下很差的印象，影响用户体验，也不会获得太好的口碑。为了保证产品能够在触达用户的瞬间打动用户，或者至少能让用户顺畅地使用，IoT 产品经理需要从产品角度、开发质量角度、测试标准等多方面综合保证产品质量，推动整个项目的顺利进行。

首先，产品经理需要对产品质量有"执念"。在一些影视剧里，我们会看到有的人对一个事物或一个人有执念时，在没有得到之前，他会不断地努力，不管历经什么样的困难都要达到目的，哪怕付出生命的代价。屈原的《离骚》中的"路漫漫其修远兮，吾将上下而求索"也是这个意思。《寿司之神》这部纪录片记载了主人公小野二郎追求创造完美寿司的历程，也记录了他对学徒的高标准要求：在小野二郎店里做学徒，首先必须学会拧毛巾，没学会拧毛巾，就不可能碰鱼，然后要学会用刀和料理鱼，十年之后徒弟才能煎蛋。有一名学徒终于有资格煎蛋，却发现自己无论如何都达不到师傅的标准。终于在经历了 4 个月 200 多个失败的煎蛋后，他做出了第一个合格的煎蛋。这，就是对寿司的执念。我们需要为了"打造用户喜爱的产品"而不断努力，直到从用户的角度来看没有瑕疵，尤其在对待要发布的新产品时，需要有这样的执念。你需要清楚哪些东西是对用户最重要的。很多时候，我们面临项目时间和发布节点的抉择与平衡，此时就要更加清楚地知道，哪些一定要做到，不能放松，哪些可以忽略，放到后面的迭代中实现。而对执念的追求就体现在那些不能放松的点上。虽然这看似是一个功能优先级排列的问题，但却很考验产品经理的能力。作为一个要从线过渡到面的产品经理来说，这是必备的素质，需要刻意地练习，全面地思考问题，以做出更好的决策。

其次，产品经理需要牵头推动开发质量的提升。曾经有人开玩笑说，工程师的任务就是写 Bug，从这个笑谈中，我们也可以看出质量的重要性。产品的质量受到多方面因素的影响，有的与产品需求相关，有的与代码质量相关，有的与测试质量相关。从开发质量和测试质量层面来看，功能自测很重要。一方面，工程师对自己的代码和逻辑了然于心，在出现问题时才能快速定位；另一方面，快速定位并解决问题后，意味着基本的冒烟测试也就通过了。

> 冒烟测试也是针对软件版本包进行详细测试之前的预测试。执行冒烟测试的主要目的是快速验证软件的基本功能是否有缺陷。如果冒烟测试的测试用例不能通过，则不必做进一步的测试。进行冒烟测试之前需要确定冒烟测试的用例集，要求用例集覆盖软件的基本功能。

如果工程师可以在开发后马上进行一轮冒烟测试，不仅可以完善之前可能没有想到的逻辑问题，还可以为测试工程师节省更多的时间，进行更加详细的测试。这样一举两得的事情，何乐而不为？

最后，就是测试标准的问题了。测试工程师是测试过程中的深度参与者，他们需要制定 IoT 产品的质量规范，需要根据产品功能设计测试并执行用例。毫不夸张地说，他们掌握着产品的"生杀大权"——能否上线发布。不过，测试标准的制定虽然与测试工程师有很大的关系，但如果要达到最理想的效果，测试工程师对质量的追求、产品经理对产品的执念，需要上升到团队的高度。面对一个明显的用户体验问题，只有团队整体有质量意识，大家才会形成共识，才会协同一致去解决问题，顺利完成整个过程。当然，这样获得的用户效果也会很好。

（2）差异点

差异点需要考虑产品定位的问题，即产品经理需要在产品设计初期，根据市场状况、自身特点来进行分析，并确定自身优势。前面第 2 章介绍过定位的相关内容，大家可以参考。

正如一个人的发展一样，我们需要有自己的专长。从公司的角度出发，如果我们总能做到一些事情，而别人却做不来，那么我们就是有价值的。IoT 产品也一样，如果你的产品功能与其他众多产品没有任何区别，那么只能"泯然众人"。但是，需要注意的是，我们要追求的不是纯粹的差异，而是有价值的差异，也就是那些用户关注，同时其他产品没有办法实现的功能。

在有了有价值的差异点之后，我们也要警惕，不能满足于现状，而是要不断挖深自己的"护城河"，强化差异点，这样才能在竞争中获得优势。

2. 口碑

如果 IoT 产品在首次跟用户相遇时，能给用户很好的体验，并给用户带来有价值的差异点，那么这个产品就很容易形成口碑。苹果手机为什么那么受用户的欢迎？因为即使对于那些不熟悉智能手机的人，它的操作也足够简单，打电话、拍照等功能表现稳定且不轻易出现问题，也不需要进行额外的设置。华为出品的智能手表华为 GT，同样在用户上手阶段没有任何困难，即使从来没有使用过智能手表的用户也能够很快上手，这就是首次体验的口碑。差异化上，华为 GT 确实给了用户其他手表不能给的价值——其他智能手表的续航只有 2 天左右，而华为 GT 直接把电池续航的上限提高了 7 倍，达到了 14 天。如果你是关注智能手表的用户，你会不心动吗？很难。

那么口碑具体体现在什么方面呢？大致有两点。

（1）电商、社区等的用户反馈

这个比较容易理解，我们在购物时，会参考商品的评价信息，这些信息都是用户对产品的反馈，有好有坏，而这些反馈就形成了产品的口碑。注意，我们一般说产品有口碑，那么意味着产品有正面的评价。同样的，在微博、微信公众号、小红书等社会化媒体上，用户也会发表一些对产品的评论，好的评价，同样会影响其他用户的决策。我们说口碑重要，很重要的一点是，我们认为用户对产品的评价会影响其他用户对产品的印象，进而影响其他用户的购买决策。

（2）无处不在的口碑

口碑的力量是无形的，IoT 产品从产品的质量和差异化发力，不断积累，最终体现在用户口口相传的评价中。就像一个在山上潜心修炼武功的年轻人，不断打磨自己的意志，不断积累自己的力量，终于练成绝世武功，有朝一日终于出师，一出手便名震江湖，人尽皆知。

届时，用户对产品的评价，就不仅仅限于电商页面、社交媒体，它会存在于各种微信群、朋友圈以及闲聊之中，如果这是正面的口碑，那么我们加以引导，就可以让更多的人了解我们的产品，进而产生购买行为。

3. 价值

良好的口碑，就意味着价值，如果加一个形容词的话，那就是潜在的价值。有了潜在价值，用户就会更容易对产品产生好感，进一步去了解你的产品，如果符合预期，购买行为会随之而来。大多数人在做购买决策时，都倾向于听取其他人的意见。随着正向口碑的不断积累，你的产品在销售上的表现就会优于那些口碑不好的产品，自然而然地创造更多的销售收入。

4. 投入

我们都听过这样一句话，有钱的人会越来越有钱，没钱的人会越来越没钱。IoT 产品的技术也是一样的道理——研发投入的越多，技术越领先，技术越领先，市场的接受程度就越高，口碑就越好，能够创造的价值就越多。

至此，IoT 产品的信用飞轮的四个关键部分就介绍完了。我们再来看一下整个闭环是如何完成的。

信用飞轮的基础是产品，它包括产品质量和差异化功能，决定了用户首次与产品相遇时的体验。如果用户首次体验很好，而且在持续使用的过程中，还能保持一定的水准，那么用户不仅会在电商购买页面给出积极的评价，也会将产品的好的点口口相传，口碑就形成了。如果一个产品在目标用户群体中有口口相传的口碑，那么这个产品就在用户的购买决策中占据了先机，也就会有更多用户优先购买你的产品。用户购买的产品越多，产品创造的价值就越多，产品的收入就越高，我们能够给产品投入的研发经费就越多，也就越能给用户提供更加好用更加实用的功能。这样信用飞轮的一圈就转完了，如果我们持续去推动，那么这个飞轮就会基于之前惯性越转越快，产品随之就会越来越好。

作为可以从关注一条线过渡到关注整个面的产品经理，我们需要了解产品的信用飞轮在哪，以及如何让它发挥飞轮效应。虽然有些业务跟你所负责的工作并没有那么相关，但你仍然可以积极地参与飞轮中的一步甚至几步来提升自己的能力。如果你有幸参与了飞轮中的所有内容，那么恭喜你，你一定在能力上取得了巨大的进步。

5.1.2 产品：不再关注一条线，从整体上看功能

从我的个人理解上，从线到面的转变包含三个含义，即需要从用户视角、上帝视角、系统视角来看产品。

1. 用户视角

相信大家都听说过"1秒变小白"的故事，它的精髓就在于，产品经理是否可以很快将自己的视角切换为用户的视角。用户看产品时，从来不是像产品经理做功能那样，一项一项分析，一个细节一个细节优化。虽然我们也能够遇到一些深刻理解产品的用户，但大多数不是这样，产品在他们眼里就是一个整体，关键局部的不好用，就会影响产品的整体评价。所以，从用户视角看产品，我们需要关注关键局部对整体的影响，需要从用户视角

去思考如何将产品做得更好。

2. 上帝视角

想到上帝视角，我脑海里就会闪现出当年玩红警时的情景（好像有点暴露年龄）。在这类即时战略类游戏中，玩家就是在一个可以观察全局的角度上去建造建筑、造兵、造坦克。对于产品经理来说，在负责更多模块之后，我们也需要更多地站在上帝视角去俯视这些功能，去思考如何发挥这些功能整体的效用。一个IoT产品，硬件、算法、软件之间构成了复杂的结构网，功能之间、模块之间，甚至硬件器件之间，不应该是孤立的，而应该是相互配合、相互促进的关系。

有的时候，一个功能模块问题的解决，是依赖于另一个功能模块的问题的解决。能够在解决棘手问题的时候，不仅解决当前模块的问题，还能用"上帝视角"相应地调整其他相关模块的功能或逻辑，才是从整体上看功能。如果经常能够从这个角度去思考问题、解决问题，那么产品的能力便会更上一层楼。

3. 系统视角

说起系统视角，就会涉及一个新兴学科——系统理论。系统一词来源于古希腊语，是由部分构成整体的意思。通常把系统定义为：由若干要素以一定结构形式联结构成的具有某种功能的有机整体。这个定义中包括系统、要素、结构、功能四个概念，表明了要素与要素、要素与系统、系统与环境三方面的关系。

这个定义有点抽象，我们可以把它放到实际的产品中思考。

要素可以理解为 App；系统可以理解为 App 的运行环境，如手机的 Android 或者 iOS 系统；环境可以理解为整个 App 的生态，简单一点的，像应用商店里其他同类型应用，复杂一点的，会有更广的外延，如 App 自身的能力生态建设、开发者与线下服务商的竞合关系等。

正如我们之前描述的，一个产品新人一开始的切入点是很小的，小到甚至只关注某个文案中的某个用词，之后，当他们慢慢打怪升级并最终开始负责几个相关模块时，新的命题将出现在眼前。他们不再只关注点状或线性的内容，而是每天的每一个决策都掺杂着几个模块相关联的因素，有时甚至牵一发而动全身。复杂性，已经成为这个世界最显著的特征，尤其是在你关注的范围更广之后。

所以在负责多个模块之时，产品经理心中的"系统思维之匙"就应该马上浮现出来，面对任何一个问题时，从要素、系统、环境之间的关系思考。

在更多情况下，系统的思考没有那么简单直接，可能需要更多时间的积淀。

我们以苹果公司 iPhone 手机的操作系统 iOS 的演化进程为例，一起看一下一个新兴产品是如何一点一点积蓄起力量的。2007 年 iPhone 第一代产品由乔布斯在 Mac World 发布。

iPhone 的成功，当然也离不开 iPod 的成功。iPod 之父 Tony Fadell 曾说过，设计+硬件+软件+App，随后是内容。更重要的是，继续发布价格更低的新产品，并加入新功能，这就是 iPod 成功的原因。iTunes 上的海量内容，让用户越来越离不开它，而 iPhone 的 App Store 显然是承袭了它的思路。硬件设计的美观优雅、硬件性能的精益求精、软件的优秀体验、App 的生态共赢，它们之间就像元素、系统与环境的互动一样，共同创造了智能手机的神话。这也是用系统观设计产品的经典例子。

微信是腾讯在 2011 年 1 月发布的，它也是一个贯彻产品系统观的例子。微信的 1.0 版本将应用场景定义为熟人间的通信场景，功能定位就是可以免费发短信和照片，以代替收费的短信和彩信。微信 1.0 版本上线时只有四个主要功能：

- 导入通讯录；
- 发送信息；
- 发送图片；
- 设置头像和微信名。

微信在从 1.0 版本升级到 2.0 版本的过程中有一个竞争对手——米聊，而且用户数始终落后于米聊，彼时微信和米聊的功能并没有任何差异化，微信也没有取得任何突破，甚至语音通信这个功能也是在米聊推出之后才上线的。到了 2.0 版本，微信很快追上了米聊并从此一骑绝尘。

其中一个原因就是微信的系统运维能力比较强，其背后有众多的服务器来支撑它的高流量，而在创业初期的小米却没有。两个前端体验基本一致的产品，微信的运行速度就很快，米聊有时会慢、会卡，偶尔也会系统崩溃。两个产品的区别就这样拉开了。

所以系统思维，一方面在如何利用系统理论全面思考应用、系统、生态之间的关系，让产品具有某种生命力，进而不断发展；另一方面，要建立产品的系统能力，而不是堆砌表面上看起来很酷炫的特征。就像武侠小说中，武功高强的人大部分都有内家功夫的绝招，而仅有外家功夫的人会很早暴露弱点一样。

5.1.3 技术：不再浅尝辄止，深度参与硬件和算法定义

相信你还记得本书的主题——IoT产品经理思维模型，"正金字塔"从下到上分别是硬件、算法、软件、软硬结合。相比软硬结合，其中软件、算法、硬件三者均会涉及技术的层面。

作为IoT产品经理，如果想要给用户更好的体验，做出更好用的功能，就必须了解相关技术细节，从根本上思考问题进而找到解决问题的方法。

以智能手表的睡眠功能为例：睡眠功能的实现依赖于软件、算法和硬件，其中最关键的是硬件和算法。

硬件包括陀螺仪、加速计、心率传感器等，其中心率传感器用来辅助判断手表的状态（检测是否"离腕"，一般认为如果离腕，就无法检测到心率）。我们需要利用硬件收集到的信息来帮助算法判断用户是否处于睡眠状态。

算法也有其相应的逻辑，简单来讲，算法会根据传感器的数据情况，判断用户状态，是醒着静坐，还是进入睡眠状态等。

一般情况下，如果手表处于静止状态，而且心率没有给出手表"离腕"的信号，那么逻辑上可以断定用户是睡着了。

但是，如果"离腕"的信号不准确（主要是来自传感器），例如明明用户摘下了手表，系统却仍然认为用户戴着表且处于静止状态，误认为其进入了睡眠状态，此时，浅层的逻辑可能就无能为力了，需要深入算法和硬件的技术细节。我们需要从如下几

个方面展开分析。

1）**离腕准确度**：如果不准确，考察是什么问题导致的，硬件上如何优化？

2）**硬件是否可以加传感器**：是否可以通过优化当前配备的传感器解决？是否要增加其他传感器辅助判断？

3）**算法准确度**：如果同样不准确，考察是什么问题导致的，算法上如何优化？

4）**算法是否可以加逻辑**：通过大量测试发现问题的场景和规律。是否可以通过优化当前算法解决？是否需要增加其他算法辅助判断？

看到这你可能会想，作为产品经理，为什么要了解这么多技术问题呢？让技术人员去处理不就可以了吗？这个就涉及产品经理的心态问题了。

1. 心态

其一，对于 IoT 产品经理来说，我们要保证智能硬件产品从需求端到用户端的体验，而要做到端到端的良好体验，就需要了解产品的各方面细节。即使你是一个手机 App 的产品经理，不涉及手机硬件，你也需要了解 Android 或者 iOS 系统的规范，技术上哪些可以实现，哪些不可以实现。对于 IoT 产品经理，产品涉及的内容会更多、更复杂，所以 IoT 产品经理需要了解的重要技术细节就更多。

其二，在智能硬件如此复杂的项目中，产品、技术、测试等各职能人员需要紧密合作才能交付完美的产品，如果产品经理能够与团队其他成员无缝沟通，那么效率会得到极大的提高。

其三，产品经理需要有好奇心，尤其是 IoT 产品经理。这个时代唯一不变的就是变化。作为 IoT 产品经理，我们需要一刻不停地去了解智能硬件行业的动态，学习自己所负责项目涉及的方方面面，包括市场、销售、产品、市场、运营，甚至相关技术等。因为在实际工作中，让用户体验更好的细节就藏在技术细节的深处，而这些细节需要我们真正用心去体察，不要放弃任何一个优化重点体验的机会。

正如一名建筑师不仅需要设计出满足客户需求的图纸，还需要了解要用的各种建筑、装修材料的特性以及各种建筑和施工技术一样，作为产品经理，除了要了解自己产品的功能，也要了解该功能的实现原理，以便更好地发挥产品的优点，让产品不但外形美观，而且更具实用价值。

2. 行动

现在，我们知道了为什么要了解关键技术，那么如何做才能了解更多的细节呢？答案是"在做中学"。作为职场人士，我们没有太多大块的时间专门进行某一学科的系统学习，更多是进行碎片化的学习。除了在网上查找相关资料以外，成本最低而且最有效的办法，就是"在做中学"。例如，你当前在做什么项目，那么就在项目中学习相应的知识。

（1）不要放过任何自己不懂的东西

初级产品经理只需要关注自己做的需求是否可以实现，以及何时可以实现。如果你想更进一步，成为资深的产品经理，那么你需要了解更多需求背后的东西。例如，这个需求需要用到哪些技术能力，是 Web 前端、Android、iOS 还是 Flutter，是否需要有后端参与等。了解一个项目的技术能力,可以让你清晰地画出各需求模块的关系图,并更好地考虑各能力之间的协同。

在讨论产品方案的时候,我们必然会遇到一些自己不太熟悉的,甚至没有听说过的技术术语或方案,很多人可能认为这与产品经理没有多大关系,于是就选择了忽略,但这样实际上是错过了特别好的学习机会。我建议你在遇到自己不懂的内容时,先记下来,再去寻找答案。你可以在讨论间隙问问身边的技术人员,也可以在讨论后自己查一下搜索引擎,了解一些背景知识。

(2)不要怕别人知道你不知道

有的时候我们碍于情面,遇到相关的问题,并不会去请教相关的技术人员,这种心态并不利于自己的提升。我们要改变这样的心态:你可以这么想,首先要坦然面对,某些事情不了解是很正常的,一旦经过请教学到了,就是增加了一分知识,所谓"进一寸有一寸的欢喜"。其次,技术研发人员其实都是很乐意分享的,他们的讲解可能比你能查到的资料更通俗易懂、更精辟,因为这背后蕴含了他们对技术的理解和实践的经验。

(3)要经常总结

对初级产品经理来说,快速提高自己的方法就是不断总结,因为相比资深产品经理,他们的做事方法还不够成熟,产品知识体系还不够完善,需要不断总结经验教训,在学习中快速成长。同样,对于技术知识来说,初级产品经理也有必要在了解清楚之后,做一系列总结,保证自己的吸收效果。总结可以包括两类内容:一是需要强化的,可以继续发扬的方法或可以继续使用的知识;二是需要改进的,可以改进的方法、认知或者知识。

5.2 态度

撒切尔夫人曾说过一段话:

> 注意你的想法,因为它能决定你的言辞和行动。
> 注意你的言辞和行动,因为它能主导你的行为。
> 注意你的行为,因为它能变成你的习惯。
> 注意你的习惯,因为它能塑造你的性格。
> 注意你的性格,因为它能决定你的命运。

你的态度会左右你的想法,所以态度是一切的源头。就像你无法叫醒一个假睡的人一样,如果对待一件事情,一个人是积极的,而另一个人是消极的,那么他们的想法、行为、后续的动作,甚至最终事情的结果都会截然不同。显然,对任何事情都抱有积极态度的人,会更容易取得他人的信任,也就更容易成功。

5.2.1 没有什么工作不是自己的

看到这个标题,估计有不少会想,我有自己的工作职责,我只需要做好自己的本职工作就好,其他的事情就让其他人去干吧。这么想当然没有错,但是如果总是这么想,那么你可能不会成长得太快,因为你总是在自己熟悉的圈子里打转,从来没有想法去看看"外边的世界",也就缺乏了对外部情况的理解。

没有什么工作不是自己的含义也在于,正值职业发展初期的年轻人,不应该特别工于算计,也不要太计较自己的个人得失。你唯一需要计算的就是,这件事是否对产品经理的成长有益,是否可以"逼"自己走出舒适圈。我这一路的亲身经历可以很好地证明这一点，只有不断走出舒适圈，才能让自己进步得更快。因为，为了做好自己之前没做过的东西，你会更坚定地愿意付出比之前更多的努力。

所以这不是关乎得失，而是关乎成长的话题。尤其对于想从负责一个模块过渡到负责一个产品迭代的产品经理来说，如果希望能够实现更多的功能，那么就需要承担更多的责任，就要去做那些别人不愿意做的工作。这么做的结果是，你不仅能够获得能力上的成长，还能获得团队成员的信任，以及因为团队的信任获得未来在这个领域的更多可能性。

我们来对比两个人，一个叫小 A，一个叫小 C，他们两个都是刚入职不久的产品经理。部门经理有时会安排一些看似不属于他们工作职责范围内的事。

场景 1

经理："小 A，你去给市场那边写一个我们产品的产品介绍文档，用于产品新功能的宣传。""好的"，小 A 说，并且在当天就给出了质量极高的文档。

场景 2

经理："小 C，你帮忙盯一下市场那边这次的产品运营活动，看看公众号的内容有没有问题。""不好意思，经理，我还有产品需求文档没有写完呢，况且公号的内容他们不应该自己确保没问题吗，应该不需要我。"小 C 成功地推掉了看似不属于自己职责范围内的工作。

类似这样的场景在这两位产品经理和他们的老板之间不断发生，久而久之，你觉得会发生什么事情？每当遇到重要的、棘手的问题，部门经理一定会第一时间想起小 A，并把任务安排给他。慢慢地从看似不重要的事情，到越来越核心的事情，经理都会交给他，而这位小 A，就变成了部门里举足轻重的成员，而一直只做自己事情的小 C，还在做着那些事情，没有获得一点成长。实际工作中就是这样，机会是怎么来的，不是等来的，而是需要通过交付自己的确定性得来的，你交付的确定性越多，你能够获得的机会就越多，进而获得更大的成长。

5.2.2　有没有更好的方法

记得很多年前有一个家电品牌有这样一句广告：没有最好只有更好。当时听到的时候，我并没有任何感觉，现在想想这个公司真的很伟大。

私以为，这句话不是在描述客观情况，根本没有最好的东西，而是在表达一种态度——在我们看来，这个世界上没有最好的产品，只有下一个更好的产品。

正如很多年前，当记者问球王贝利，在你所进的球中最满意的进球是哪一个时，贝利答到，下一个。

IoT 产品经理的任务不仅仅是完成任务，而是能否设计出体验更好的产品。不论是产品需求文档，还是发布的版本，都要努力做到更好。

这里以手机下单寄快递的界面为例。最早，在手机上下单寄快递时，如果我们要填写一个新地址，那么你需要重新打字输入，因为城市区划、街道、小区地址和具体楼牌号都是分开字段填写的，以便让快递包裹能够被物流系统快速精准识别。当时，我们没有办法一次性将内容填进去，有时会很麻烦，特别是很着急的时候。

此时,如果产品经理认为这样的情况是正常的,那么他就失去了一个更好的改进机会。有时巨大的体验提升就蕴含在看似细微的体验改进中。产品经理在碰到用户使用上有些疑惑或者遇到阻碍的时候,不能轻易忽略这些问题,而是要在心里问一句,还有没有更好的办法吗?

方法其实是有的,那么要如何做呢?

既然字段分开,导致打字很烦琐,那么我们是否可以将分开的字段输入区域合成一个统一的输入区域呢?用户一般都会有寄件地址或收件地址,它们很可能是从微信聊天记录里粘贴过来的。如果有一个统一的输入区域,用户就可以一次性将所有内容都粘贴在一个地方,但字段怎么分开呢?相信你已经想到,用算法呀。是的,一个简单的不能再简单的算法(甚至不能称之为算法)就可以帮助我们拆分这些复杂的地址和信息。如今,这一方法已经被几乎所有的快递程序应用,让我们寄快递填单的时间节省了3～6分钟。

经常问自己"有没有更好的方法",不仅可以帮助我们改进一个产品的用户体验,帮助用户提高使用效率,也可以帮助我们成就一个商业帝国。

淘宝和支付宝就是一个特别经典的例子。阿里巴巴在成立之初是做B2B业务的,其经营策略是帮助国内企业生产的产品找到海外的企业购买者。

淘宝则是C2C的商业模式,即个人与个人之间的电子商务,或者说消费者与消费者之间的电子商务。比如一个消费者有一台电脑,通过网络进行交易,把它出售给另外一个消费者,此种交易类型就称为 C2C 电子商务。

易趣最早把美国 C2C 在线销售的概念引到中国，创立了易趣网，后来被 eBay（2002 年）收购，改为 eBay.cn，成为当时中国刚刚兴起的电商市场的先行老大，大约占全国网购市场的三分之二。淘宝于 2003 年 5 月成立，在经过大约两年多的时间后，于 2005 年在网购市场规模上超过中国 eBay，而 eBay 的市场规模则一路下滑到个位数，最终把公司转让，退出了中国 C2C 市场。

在退出中国的时候，eBay 的 CEO 曾说过，并不是 eBay 做不好 C2C，而是中国没有完善的信用体系，无法支撑起更大规模的线上消费。这确实是现实。但是后续的历史证明，淘宝不仅继续做了下去，而且实现了极大的增长。从一个数字可见一斑——2019 年双十一的交易额最终为 2684 亿元，再次刷新了双十一的交易额纪录。

那么淘宝是如何在 eBay 描述的信用体系十分不健全的环境中不断成长为一个商业帝国的呢？因为马云和他的同事们会问自己"有没有更好的办法"。考虑到国内当时不健全的信用体系环境，他们做了一个担保服务——支付宝。之前，如果 A 要从 B 那里买东西，由于没有信用体系，A 不信任 B，所以不愿意将钱汇给 B，那么 B 也就不肯将货给 A。支付宝作为一个中间商，可以帮双方担保，由 A 先把钱打给支付宝，由支付宝帮忙暂存，如果 A 对 B 的货满意，那么支付宝就把钱打给 B。如果不满意，那么 A 可以退货，并且支付宝会把钱退给 A。

就是通过这么一个看似"很傻"的模式，支付宝慢慢地建立起了中国电商平台的信用体系，进而推动了整个中国电商的井喷式发展。同样的故事，阿里巴巴用同样的"有没有更好的办法"，解决了另一个棘手的问题——我国不完善的物流体系。它通过扶植快递企业，提供优惠，甚至后来建立了菜鸟物流，建立了统一的物流联盟，建立了一个十分完善的物流体系。著名的"江浙沪包邮""1 日达"这样的服务就是在这样的背景下催生出来的。

阿里巴巴的故事，就是不断地问自己"有没有更好办法"并付诸实践的故事：没有信用体系，有没有更好的办法？——有，建一个信用体系，于是就有了今天的蚂蚁金服。没有物流体系，有没有更好的办法？——有，整合资源，建立行业联盟，于是就有了今天的菜鸟网络。

所以 IoT 产品经理也一样，遇到问题甚至困境，不要轻言放弃，要多问一句"有没有更好的办法"，一旦有了想法，付诸实践，那么说不定下一个改变世界的产品经理就是你！

5.3 方法论

当我们具备了一些认知和态度后，我们还需要学习一些必备的方法论（技能），才可以将自己所认知到的东西落地，所谓"知行合一"。高级 IoT 产品经理需要的技能包括产品定义、协作、项目管理，以及产品创新。

5.3.1 产品定义

如果你是一位负责一条产品线的产品经理，做的是一个模块，那么你可能不会涉及定义一个 IoT 产品应该长什么样，定位是什么、由什么硬件组成、需要什么样的算法、需要哪些软件功能等。但是如果你要负责一个面，那么说明，你已经开始关注这些内容了：产品定义应该从公司战略、市场和用户需求层面出发，遵循本书提出的"双金字塔模型"来搭建我们的产品。在搭建的产品基础上，我们需要回答一个问题，用户是否真的需要。很多时候，很多产品形态都是设计者的臆想，即使投入市场，也不一定会有很好的效果。所以，在定义初期我们就要想清楚用户需求。明白了不是全能产品都能成功后，我们就需要有所坚持，有所取舍。不是"大而全"就是好的，所谓"有舍才有得"，而我的观点是在产品设计过程中需要贯彻"少即是多"这样的思想。

1. 产品形态定义

产品形态定义是指当你计划推出一个新产品时，需要确定这个产品的定位、软件、算法、硬件等需求。对了，你可能发现了，这不就是我们这本书的核心——双金字塔模型的构成元素吗？前面第 2 章详细地论述了该模型的两种使用方法。

- 正金字塔——高屋建瓴，统筹思考，从软硬结合的定位开始，到软件、算法、硬件。
- 倒金字塔——脚踏实地，奋力攀登，从 IoT 产品的基础硬件，到算法，到软件，再到软硬结合。

在进入双金字塔模型之前，我们需要对公司战略、市场状况以及用户需求做一个全面的考察，才能确定我们需要创造一个什么样的产品。

（1）公司战略

首先，我们需要考察公司战略，为什么要首先考察总体战略呢？如果把推出一个新产品比作一场战役，那么整个战争的胜利就可以视作公司的战略目标。这里借用解放战争中三大战役中的其中一役——辽沈战役来简单说明。

1948年，党中央从全国的战局出发，认为同国民党进行战略决战的时机已经成熟，并且决定把战略决战首先放在东北战场。这就是后来所说的"辽沈战役"，它的主战场在东北地区。你可能会有疑问，东北地区为什么如此重要，以至于党中央要选择此处作为首战之地呢？东北当时不仅是国家的粮食生产大省，还是工业重地，对于中国的经济恢复起着至关重要的作用。而且，从地理上看，东北是中国的北大门，是一个战略要地，如果东北获得率先解放，那么平津和淮海战役就都有了后方保障，解放军的进军就没有了后顾之忧。

事实也证明了，在辽沈战役胜利之后，我们不仅有了粮食、工业品的支持，还给整个战争开了个好头；不仅缴获了很多美国援助国民党的先进武器，还鼓舞了全国人民进行解放战争的士气，也为后来夺取全国性胜利奠定了坚实的基础。可见，一场战役如果要胜利，必然根据整体的战略需要进行安排和部署，或者说如果一场战役能够获得成功，也会帮助战略更快地达成。推出新产品这场战役也是如此，首先我们要了解推出产品的目的是什么。

（2）市场状况

其次，我们要考察市场状况。市场状况包括产品的市场趋势，如世界市场、国内市场；也包括市场格局，如某一品类的厂商各自的市场占有率。在这之后，我们需要利用一个管理学方法来帮助我们分析产品的优势/劣势——SWOT分析法。

（a）市场趋势

市场趋势，顾名思义，就是你所在的领域或者你想进入的领域的发展趋势。既然是趋势就有增长或下降两个方向，我们都希望自己的产品在一个快速增长的赛道，这样我们就可以利用整个行业增长的红利，实现自己的目的。有这样一句话，"风口上的猪都会飞起来"。虽然句子有些夸张，但正如捕鱼一样，在更大的池子里捕鱼，肯定会比在小的池子里收获的多，况且你所在的池子还是不断扩大的。

如何收集市场趋势信息呢？关键是要看一些权威机构的报告。例如对于手机、平板、可穿戴产品，有类似 IDC 这样的数据机构会每隔一段时间发出一篇相关行业的报告（一般是一个季度一次），我们可以通过他们给出的趋势报告来对产品的市场趋势进行判断。

收集到市场信息，如何看图表进而分析市场呢？我们来看下面两个例子。

图 5-2 展示了某一产品品类 2019 年上半年到 2020 年上半年的出货量趋势，这是一个相对简单的出货量柱状图，横坐标代表时间，如 2019 年 H1（上半年）、2019 年 H2（下半年），以及 2020 年 H1（上半年）；纵坐标代表出货量，单位是百万。通过结合横纵坐标数据，我们可以看出每一个半年度该类产品的大致出货量。

进一步，我们可以根据柱子的高低，也就是出货量大小，观察产品的增长情况。例如：从图 5-2 可以看出，2019 年下半年增长幅度较大，2019 年上半年产品的出货量约为 3400 万台，下半年的出货量约为 4300 万台，下半年出货量比上半年增长了 900 万台。当然你也可以据此算出增长率。

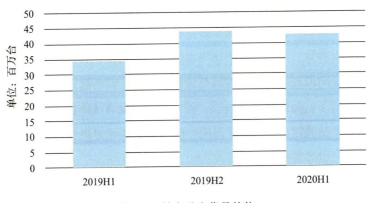

图 5-2 某产品出货量趋势

同理,你也可以看出,2020年上半年的出货量比2019年下半年稍微有所降低,2020年上半年出货量增长不如2019年下半年。

我们来看另一个例子,图 5-3 展示了某产品 2018Q2~2019Q2 的出货量趋势。

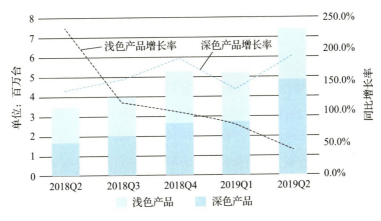

图 5-3 某类产品出货量趋势

这也是趋势报告里经常出现的一种图，由于包含的内容较多，所以也比较复杂。我们可以看到，纵轴有左右两个维度，一个是出货量，另一个是同比增长率。同比增长率其实就是我们上面所说的通过观察柱子的高低计算出来的，只不过这里用曲线表达出来了，趋势显得更直观。另外，柱子也有了颜色对比，这说明一个品类里，有两个子品类，通过不同颜色可以比较清晰地对比两个子品类的占比情况。

下面以2019Q1（Q1就是第一季度的意思，Q1~Q4就是从第一季度到第四季度）和2019Q2的数据举例说明（最右侧两个柱状图以及对应的折线）。

2019年第一季度该品类总体的出货量约为520万台，其中两个子品类的占比不相上下；2019年第二季度该品类总体的出货量约为740万台，其中两个子品类明显有一个品类占据优势（深色）；而且，深色产品的增长率呈大幅上升趋势，而浅色产品的增长率呈逐步下降趋势。

看完报告之后，我们需要对当前市场得出一个结论，作为我们下一步确定产品形态的基础。例如对于图5-3，我们会得出这样的结论：该产品出货量从2018年第二季度开始逐步增长，2019年第一季度到第二季度迎来了爆发式增长，且其中细分的深色品类增长迅猛，有很大的发展机会。

（b）市场占有率

市场占有率，即市场格局，百度百科给出的定义如下。

> 某企业某一产品（或品类）的销售量（或销售额）在市场同类产品（或品类）中所占比重。反映企业在市

场上的地位。通常市场份额越高，竞争力越强。

我们在分析市场占有率的时候，最直观的方式就是查看行业趋势报告中的市场份额图表，一般如图5-4所示。

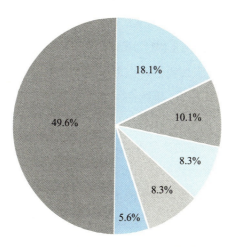

图 5-4　某类产品不同厂商的市场占有率

如图5-4所示，假设整个市场份额（整个饼图）为100%，饼图中每一块被分割出的颜色代表一个厂商，可以看出不同厂商在这个市场中的地位。在饼状图中的面积越多，该产品的市场份额越高，其在市场中的地位就越高。

从市场占有率角度来看，我们的最终目的不仅仅是看到某个厂商的占有率分布，更重要的是以此为参考，了解我们自己在目标市场的地位与优势。

饼状图可能会出现以下两种情况。

- 第一种情况：该领域有一个巨头，其市场份额占整个市场将近一半，而其他厂商分割剩下的一半，且市场排名前三的厂商占据了整个市场将近80%的份额，那么我们可以断定，这个市场竞争已经趋于饱和，新进入的厂商除非有绝对优势，否则很难有较大的作为。
- 第二种情况：该领域的市场份额比较分散，其中将近一半的市场份额由其他厂商占据，而市场排名前三的厂商占比分别为18.1%、10.1%、8.3%，它们加总的份额仅为26.5%，那么我们可以断定这个市场虽然有几个厂商占的份额比较大，但仍然有较广阔的空间供新进入者去跟其他厂商竞争。虽然，这个市场可能也是一个红海市场，但其他厂商的产品参差不齐。在没有进入之前，不需要被市场中的较多竞争者吓到，我们需要分析产品的优劣势，来确定我们进入的策略。

下面就给大家介绍一个管理学上经常用的策略分析方法——SWOT分析法。

(c) SWOT分析法

什么是SWOT分析法呢？

SWOT分析法是一个非常常用的战略分析工具。它来自麦肯锡咨询公司，其中S代表优势（Strength），W代表劣势（Weakness），O代表机会（Opportunity），T代表威胁（Threat）。S、W（优势和劣势）是对企业内部因素的分析，而O、T（机会和威胁）是对企业外部环境的分析。

通常，SWOT分析模型都会用如图5-5所示图表来进行分析。
- 优势，是企业的内部因素，具体包括充足的资金、良好的用户口碑、技术力量、产品品质、市场份额、成本优势等。

第 5 章 进阶：从线到面，从负责一个模块到负责一个产品

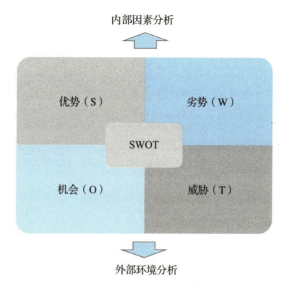

图 5-5 SWOT 分析模型

- 劣势，也是企业的内部因素，具体包括管理混乱、缺少关键技术、研发落后、资金短缺、产品积压、竞争力差等。
- 机会，是企业的外部环境，具体包括新技术、新市场、新需求、竞争对手失误等。
- 威胁，也是企业的外部环境，具体包括新的竞争对手、替代产品增多、市场紧缩、行业政策变化、经济衰退、用户偏好改变、突发事件等。

SWOT 分析法能够帮助产品经理利用相对简单的框架，分析出企业和产品当前的竞争态势，帮助我们做出相应决策。那么进行 SWOT 分析后，我们能得到什么结论呢？

进行内外部分析后，我们列出了当前企业/产品的机会

(O)、威胁（T）、找到优势（S）、劣势（W），将它们组合起来，可以得出四种战略，如图 5-6 所示。

	优势（S）-内部	劣势（W）-内部
机会（O）-外部	SO战略：发挥内部优势，利用外部机会	WO战略：利用外部机会，克服内部劣势
威胁（T）-外部	ST战略：发挥内部优势，规避外部威胁	WT战略：减少内部劣势，规避外部威胁

图 5-6　SWOT 四种战略

第一种战略，是 SO 战略，发挥内部优势，利用外部机会——此为"增长型战略"。

第二种战略，是 WO 战略，利用外部机会，弥补内部劣势，改善自己——此为"扭转型战略"。

第三种战略，是 ST 战略，发挥内部优势，规避外部威胁——此为"多种经营战略"。

第四种战略，是 WT 战略，减少内部劣势，规避外部威胁——此为"防御性战略"。

为了帮助大家更好地理解 SWOT 分析法及对应的战略，下面用一个的例子说明。

假设你是一个地铁站边上的鸡蛋灌饼摊的老板，已经在这个地铁站边上经营多年，主要经营早餐生意，有很多熟客，虽然之前也有其他摊主来摆摊，但最近突然来了很多其他竞争对手，你一看不对劲，如果不做出改变，怕是自己的生意做不下去了，于是你掏出平时记账的发黄的皱巴巴的小本本，画了一个 SWOT 分析的四象限图。

优势：
- 在这里经营多年，有很多回头客，几乎每天早上都会来买；
- 自己很清楚大家的口味和偏好，有时顾客不需要说话，就知道他要什么；
- 与这里的管理者比较熟悉，关系也维护的比较好。

劣势：
- 提供产品比较单一，只有鸡蛋灌饼，顾客长期吃需要换个口味，而且如果要买个喝的还要去别的摊子；
- 繁忙时缺人手，做饼效率低，需要排队，有些人就会去其他摊子；
- 制作工艺上，有很多顾客反馈刚做出来特别烫，没办法马上吃。

机会：
- 地铁站的人流量比之前多了。

威胁：
- 地铁站来了很多其他小摊贩；
- 附近还开了一家著名的连锁超市，提供包子、关东煮等早餐。

这么一分析，你紧皱眉头，叹了一口气，生意真是一天比一天不好做了，这可怎么办呀。幸好你了解过，用 SWOT 分析后，还要制定一个切实可行的战略方案。从内部因素的优势和劣势两个方面来看，你是有一定优势的，如更懂顾客，但是劣势也比较明显，各方面急需改善；从外部环境的机会和威胁两个角度来看，人流量更多几乎是所有摊主的机会，无法成为你自己的独特优势,而更多的竞争者却是你需要克服的最大外部挑战。

所以,WT战略是适合你的选择。具体要如何做呢?WT战略的指导思想就是减少内部劣势,规避外部威胁。首先,你需要减少你的劣势,补足已经暴露出来的问题。

- ❏ 产品比较单一,可以尝试给鸡蛋灌饼增加各种口味,增加一些额外的材料,例如香肠、培根等,不仅可以解决口味单一的问题,还可以促进增值销售。另外,为了方便客户,你可以在自己的摊位上增加售卖水、奶、饮料的区域;结合这部分新增的品类,可以推出套餐,增加销量。

- ❏ 繁忙时缺乏人手,导致客户流失,你可以从两个方面做工作。第一,你可以提前准备好材料,多做一些半成品(鸡蛋灌饼的半成品就是饼,可以先把饼做好),减少现场制作的时间,提高效率;第二,可以雇一个临时工,就在每天早上帮忙装袋、配料、售卖饮料,核心的做饼、烤饼、收钱仍由你来做。

- ❏ 制作工艺上,现烤出来的饼确实很烫,因为一个饼从入炉到递到客户手中的时间很短,所以没办法很快冷却;而且某种程度上"现烤现卖、热热乎乎"也是一大卖点,尤其是冬天;这么想通后,我们可以引导客户,我们是现做的,新鲜健康,还顺便做一波PR("啥是PR?",你问。答曰:这个不重要,重要的是有更多人会买的)。另外,从客户体验角度来说,由于烫所以吃起来不方便,于是你想起了奶茶饮料常用的杯托,是不是可以先给饼加一个厚一点的包装纸以防烫手,如果有人想方便装起来，可以给他们套一个塑料袋，就可以解决了。

制定了上述几个措施后，外部的第一条威胁应该是可以解决了，因为你做了更多的差异化，与其他摊主形成了差异，而且在不断改进；对于周边的连锁超市，你的做法是规避外部威胁，诸如包子、关东煮这些品类。尝试做新品类也是一种方法，但是如果你不擅长，那么就不涉足，有的时候坚持专注也会变成一种竞争优势——你的鸡蛋灌饼会做得越来越好，口味越来越多，符合更多人的喜好。

做 IoT 产品也是一样，我们需要通过分析，找到优势、劣势、机会、威胁，进而找到符合现状的战略方向，并付诸实践，将相关执行项目落地。

（3）用户需求

最后但最重要的是，我们需要关注用户需求。

前面第 4 章已经介绍了如何关注、搜集、分析用户的需求，大家可以回顾一下。其中的核心点就是做到"真·用户为中心"。这里我们讨论的是，在开发新产品时我们需要注意什么。

根据上述的公司战略、市场状况，以及相应的 SWOT 分析，我们大致可以找到新产品的路径。确定品类后，还需要确定产品的用户群。在第 2 章讲软件功能的时候，我们也提到过类似话题，产品用户群是考虑用户时需要关注的最核心问题。例如，我们要做智能手表，首先要确定用户群，是做成人智能手表，还是做儿童智能手表，虽然都是智能手表，但两者差异很大。

在关注用户需求这点上，我们需要避免两类误区。

误区 1：用逻辑推理代替真实情况

如何确定我们的产品是目标用户需要的呢？我们可以看到市

面上有些产品一经推出就广受追捧,而一些产品却无人问津。这是为什么呢?无人问津的产品,它们做错了什么呢?

这里核心的问题在于如何界定"刚需"。如果一个产品或产品的某些功能是用户无论如何都会需要的,那么这个功能就是刚需。

例如,有人说共享单车是刚需,那么就有人认为共享雨伞也是刚需。但是很明显,雨伞只有在下雨的时候是刚需,它的价值不高,而且买一把雨伞的成本很小,所以共享雨伞这件事就不靠谱。换句话说,不能因为很多事情在逻辑上成立,我们就认为它是用户一定需要或者喜欢的。

1997年,乔布斯重回苹果,与艾维携手合作,用iMac拯救苹果。iMac将显示器、机箱融为一体,配以半透明外壳,带来了惊人的视觉效果。自此,现代苹果电脑的独特产品风格开始形成,并在市场中备受追捧。

但是,与iMac配套的冰球鼠标的体验却相当糟糕。鼠标是很漂亮,但用起来不方便。它的形状和人手能抓住的形状完全不一致,使用时,你完全不知道握鼠标的方向有没有错。甚至,在2000年的MacWorld主题演讲中,乔布斯公开承认冰球鼠标设计是一个错误。

演讲开始时,乔布斯展示了一张一代iMac鼠标的照片,然后说:"大家都知道这是我们的鼠标,有些人不喜欢。我们会犯很多错,但我们会认真听取大家的意见。一些人认为这是世界上最糟糕的鼠标,我们想改变一下。今天我要推出一款新鼠标。也许我们能改变大家的看法,从行业最糟转向最棒。"

谁都有可能犯错,我们应该在实际工作中仔细考察产品或功能是否是用户刚需，而不是觉得它"看上去对用户有用"，然后去做一个用户不需要或对他们不友好的产品。

误区 2：忽略屋子里的大象

英文里有句谚语——"屋子里的大象"，意思是每个人都知道大家最关心的是什么，但是大家都不提，就好像现在屋子里明明有只大象，可是人人都假装没看见。

第 3 章我们讲到了需要做到"真·用户为中心"，即我们需要重视用户的反馈，并将用户反馈闭环。但是除了用户反馈的问题，我们可能还会遇到类似"屋子里的大象"的问题。例如，对于已经发布的产品，用户中绝大多数的人对于产品的问题倾向于不发表任何声音；对于正在开发的新产品，研发人员明明有预感哪里会有问题，也会倾向于选择忽略。

在我看来，忽略明显存在的问题却不去解决，就是对用户需求的忽视。曾经经历过一个智能耳机项目，在产品发布前 1 个月，大家才提出佩戴时会出现耳蜗的疼痛感，尤其是佩戴一段时间后。耳机的佩戴感，是智能耳机的核心体验，在最后的发布关头，才提出这个问题，本身就是一个极大的失误。但是由于时间来不及，产品还是继续按计划发布了，后来也证明，佩戴的舒适感是用户购买的重要原因之一，这一问题也影响了产品的销量，虽然不是所有用户都能感受到这个问题。

同理，对于智能手表来说，佩戴感也是极其重要的，带着是否硌手，是否会勒出印来，在天气较热的时候是否可以很好地排汗，这都是需要在设计表带时提前考虑的。但很多手表没有关注这些问题，只是关注功能是否可以实现，忽略了手表的佩戴感。或许，这个问题与表带的成本相关，但一个表带成本的上升可以让用户更加愿意佩戴手表、佩戴更长的时间，这件事何乐而不为呢？

2. 诚实地看待产品

进入这个话题之前，先来回顾图 5-7。如果大家有印象的话，我们在第 2 章提过这个例子，从用户的角度来看，你们认为左图更好，还是右图更好呢？我先留个悬念，答案稍后揭晓。

图 5-7 不同设计界面对比

诚实地看待产品，应该是从一个客观的角度看待产品的方案，那么如何做到客观呢？

一般来说，用户，尤其是从来没有用过产品的用户，可以十分客观地看待产品，因为他们没有对产品建立认知，也就不会像产品的设计人员一样自我合理化。所以，"1 秒变小白"是很有效的方法。

（1）用户不会自我合理化

自我合理化，又称作合理化（rationalization）：当追求的某一个目标不能实现时，有些人会找某些理由为自己开脱，使自己心理上得到安慰，有时也会找出一些借口来掩饰自己的行为和不愿承认的事实。

一种情况是，面对自己设计的产品，产品经理尤其会有这样的倾向，如果其他人对他的产品有疑问，他们会选择捍卫自己的想法。另一种情况是，即使没有人质疑，当产品经理陷入自己的逻辑中时，也会越来越觉得自己有道理，从而忽略了其他更重要的因素，导致想法或方案十分主观。

还有一种情况是，由于产品经理对产品的整个开发过程以及过程中遇到的问题了然于心，他能够很容易地理解，哪些是可以做到的，哪些是没办法做到的，所以倾向于给没有做到的内容找一些借口，例如技术实践难度较大等。

但对于用户来说，他是要实际使用产品来方便自己的，如果他们在正常的使用过程中遇到了问题——例如不知道如何进行下一步操作，或者遇到了 App 崩溃、系统卡顿等问题，他们不会"自我合理化"。同时，由于不了解产品研发过程，他们也不会理解产品的实现难度。所以他们是极其客观的。

（2）用户只关心自己使用产品的收益

用户只关心自己使用产品的收益，关心产品是否能够快速地、低成本地帮他们解决问题。这里用户不关心功能的多少，而关心功能的实际效果。我们回顾一下图 5-7 中智能手表上心率 App 的界面。

左边的图展示了一些基本的心率信息，如当前心率、心率曲线图、最高/最低心率、以及静息心率，这些信息都被展示在一个界面之中。

右边的图，也有当前心率、心率曲线图，但是最高/最低心率、静息心率没有在首页全部展示出来；没有展示的原因是这里多了柱状图，表示用户在对应时间段走的步数，占用了一些空间，所以重要的信息没有及时展现出来。

从以上分析和实际效果来看，左边的图是更好的设计，原因是：第一，用户可以不经过滑动界面，就能在 App 首页看到关键的信息，这样效率很高；第二，由于信息不多，界面上的信息可以很清晰地辨认，不像右图，界面上过多的信息影响了阅读的效率，加上手表表盘很小，庞杂的信息严重影响用户体验——信息虽然多了，看似用户能够在一个界面里看到更多信息，但实际上用户用来分辨这些信息的时间反而增多了。

用户会很诚实地对待自己的产品，因为他们花费了金钱和时间成本，如果收益小于成本，他们就会感到使用产品收益很少。

无印良品这个品牌是诚实地对待产品的。在经历了日本 70 年代的高速增长后，人们的生活水平不断提高，大家对奢侈品的消费也逐步增多，开始追求所谓的名牌和奢侈品牌。无印良品就是在这个背景下产生的，它最早提倡简约、朴素、舒适的生活，拒绝虚无的品牌崇拜，直抵生活本质。

无印良品的衣服上没有标签，颜色也是黑、白、灰、蓝等天然色系，花纹至多到格子条纹，吊牌用未漂白的本色纸片。与强调 Logo 的品牌服装极为不同，无印良品省略一切过剩装饰，挑战商品的真正价值。

无印良品的产品十分简洁，直击用户的需求，它所有的产品都简单到极致，没有一丝多余的设计。这样的思想让它成为十分受人欢迎的生活品牌。他们的产品虽然也追求功能的多样性，但总是能恰到好处。

每一次诚实地对待自己设计的产品，是产品经理的一次次地修炼，即产品经理是否可以诚实地面对自己，面对有缺陷的设计，面对心中的不自信。诚实地面对产品的过程，可以帮助我们修正之前的偏见，找到用户的真实诉求，也可以帮助我们在不断修炼的过程中积攒自信，从而设计出既美观又实用的产品。

3. 有所坚持

说到对产品的坚持，这里不得不提一下微信。截至 2020 年 8 月 12 日，微信与 Wechat 合并月活账户数为 12.06 亿。可以说微信的成功，得益于它能够坚持要做一款好产品的价值观。它坚持"用完即走"的理念，所以微信公众号、微信小程序等那些背后有众多生态、看似很重的内容，在用户这里都显得十分轻量；也因为"用完即走"的理念，微信的结构没有那么复杂，主要的即时通信、音视频通话功能依然能够保证像它刚推出的时候那样简单、明确，并且易于操作。

我们经常用微信红包给朋友或同事转账，但是微信红包的金额是有限制的。在平常的日子里，微信红包的数额限制是 200 元。但到了 5·20 这一天，有很多人想用微信红包给自己的老婆或女朋友发 520 元的红包，因为转账不如红包给人的感觉那么好，起初的几年，微信还是坚持 200 元的限额。但到了后来，微信红包就放开了这个限制，在 5·20 当天，你可以给你的老婆或女朋友发一个 520 的大红包，这样她不仅能收到 520 块钱，还能收到一个很有仪式感、可以写祝福的红包。但是，也仅限 5·20 当天，这一天一过，微信红包的限制又回到了 200 元。微信如此的坚持，可见一斑。

在 2019 年微信公开课 PRO 的微信之夜上，微信总裁张小龙进行了近 4 个小时的演讲。演讲中,张小龙提出了一个问题:什么样的产品是好产品?

他引用了德国设计师拉姆斯(Dieter Rams)总结的好设计的十个原则,并且把其中的设计换成了产品。故这十个原则就变成了:

1)好的产品富有创意,必须是一个创新的东西;

2)好的产品是有用的;

3)好的产品是美的;

4)好的产品是容易使用的;

5)好的产品是很含蓄不招摇的;

6)好的产品是诚实的;

7)好的产品经久不衰,不会随着时间而过时;

8)好的产品不会放过任何细节;

9)好的产品是环保的,不浪费任何资源的;

10)好的产品是尽可能少的设计,或者说少即是多。

张小龙认为,不管是硬件产品还是软件产品,都是工具,而工具设计的原则,都是适用的。

他提到这十个设计原则是因为他认为业界很多产品不注重产品设计,或者不把产品设计当成一个追求的目标,仅仅停留在功能的堆砌和对用户价值的榨取阶段。而微信与其他产品不一样的地方,就在于微信守住了做一个好产品的底线。

这十个原则,也是我们 IoT 产品经理需要记住的。

4. 学会取舍

其实能够做出取舍的前提也是产品经理要对产品有所坚持,

否则，取舍就是纯粹的漫无目标的选择。从张小龙的产品思路延伸过来，产品设计上的取舍，不只是纯粹逻辑上的对与错，或者经过理性对比后的好处大于坏处。

微信有一句口号叫"微信是一个生活方式"，在张小龙看来这句口号就是微信产品经理做取舍的依据，他们希望微信不仅是一个沟通工具，而是能深入每个人的日常生活。现在微信的群聊、朋友圈、红包、公众号、小程序等功能已然成为人们生活中不可或缺的一部分，或多或少地影响了我们每个人的生活方式。

所以，这样看来，只有确定了产品的主线，回答你的产品是什么，要为用户提供什么价值，我们才能做出关于这个产品的取舍，才能在取舍的时候不仅考虑逻辑上是否合理，对比起来是否更好，或者成本上是否更具优势。注意，我认为以上这些判断是必须做的，不是可有可无的，但是正如一棵参天大树必须长在一片肥沃的土壤一样，更好的产品的前提也是一方追求产品设计至上的土壤。

需要取舍的情况大致看来有两种：一种是在规划新的产品初期；一种是在产品迭代时。

（1）规划新品初期

对于新的产品，我们需要在初期规划产品功能，这个时候产品经理会整理出一个功能列表。通常情况下，为了新产品更有卖点，我们倾向于规划很多功能，但结合我参与的几个项目来看，其实这种规划就是功能的堆砌，效果不可能太好。一方面，研发资源总是有限的，不可能兼顾全部内容，即使在时间节点前将这些功能做了出来，也会有很多问题；另一方面，虽然提供了更多的功能，但是用户对功能的感知是有强有弱的，他们不一定能完全了解你所传达的内容。产品端提供很多功能，而用户端却仅仅感知到了一小部分，从成本—收益角度来看，似乎有些不值得。

所以，在规划初期，我们当然可以列出很多功能，但可能还需要一个动作就是给这些功能排序，所有的需求都应该在产品主线的指导下，经历"去伪存真，去粗取精"的过程，最终交付用户真正能够强烈感知到的功能。这样不仅使用户感知得到了提升，也使研发人员有了更多的时间打磨产品，精益求精。

在第 2 章我们也提到过另外一个例子，那就是电视遥控器，如果你真正用过右侧的电视遥控器，你就知道它的按钮之所以可以这么少，一个重要的原因是设计师把绝大部分操作都转移到了电视上，而相比遥控器上狭小的空间，电视上的功能可以更好、更高效的呈现。

更多时候，少即是多。

(2) 产品迭代时

第 4 章向大家介绍过 Scrum 敏捷开发的方法，这里再简单回顾下。每一个 Scrum 就是一个产品迭代周期，都会涉及一些产品需求，迭代中的需求筛选也需要经过在产品主线指导下的去伪存真和去粗取精，那么迭代与新产品规划在取舍时的区别是什么呢？

区别就在于迭代的思想，正如之前介绍的，每一个迭代可能持续的时间很短，节奏很快，对于需求来说，我们需要决策的，是在一个周期里，是否要做，要做什么，以及做到什么程度。

一般情况下，如果一个 Scrum 是一个月，那么我们的开发时间和测试时间可能只有各两个星期，有些功能如果比较简单的话，可以在这个周期完成，而有些比较复杂的功能，两个星期做不完，我们就需要问两个问题：

- ❑ 这个需求一定要在这个迭代中上线吗？
- ❑ 这个需求是否可以拆分，本次先上一部分，下次再上一部分？

如果第一个问题的答案是肯定的，需求优先级很高，迭代周期可以调整，那么我们可以根据团队的实际情况来安排一个合理的时间。特别要注意，这种涉及迭代节奏的调整需要与团队成员充分沟通，并且需要明确后续要尽量避免类似动作。因为一个团队要培养成一个迭代节奏是很不容易的，如果经常随意打破节奏，版本的发布会重新陷入混乱状态，大家还要花很大力气将节奏拉回正轨，也是很耗费精力的。

如果第一个问题的答案是肯定的，且我们的迭代周期又没办法调整，那么我们可以考虑选择将一个大的需求拆分成若干个小需求；如果不是极其特殊的情况，如硬件条件限制等，绝大部分需求都是可以被拆分的。拆分需求的要点就是，被拆出来的每一个部分需要自成一个完整的逻辑单元，逻辑和体验上不能有缺失。每一个迭代都是一个完整可用的内容，如图5-8所示。

所以在迭代中的取舍，需要根据产品的主线安排功能上线的时机，并保证功能用户体验的完整性。这样，就像在规划新产品初期的情况一样，我们还能获得额外的好处——研发人员有更多的时间处理问题，产品质量就会更好。

那么影响功能取舍的因素有哪些呢？具体分析如下。

(a) 刚需与否、高频与否

如果一个产品有上百万用户，某一次，有几个用户提了一个需求，而且迫切希望该需求得到满足，那么作为产品经理，你是否决定要做这个功能?

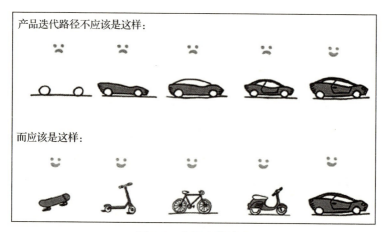

图 5-8　产品迭代路径

如果你说，用户的声音是要听的，即使是一个用户反馈，我们也应该尽量满足。从用户的角度，我支持你的想法，但是从产品整体效果来看，我不建议这么做。

一方面，用户的需求是源源不断的，我们需要对用户的需求进行区分，要优先处理那些刚需和高频的问题；另一方面，由于研发资源永远处于稀缺状态，我们需要将资源进行合理分配。如果不区分需求优先级，也不懂得善用开发资源，我们可能每天都沉浸在解决非刚需非高频的功能上，而没有时间去做对用户真正重要的内容。就像一个没有很好规划工作优先级的人一样，由于每天都在处理紧急但不重要的工作，真正不紧急但重要的、对工作影响深远的工作却没有时间处理，其工作价值必然收效甚微。

(b) 局部和整体

我们在决定是否要做一个功能时，不仅要考虑当下这个功能本身，还要考虑与这个功能相关的其他功能、系统逻辑是否需要相应调整。也要考虑到，如果局部功能修改了，是否可以让整体功能变得更好，而不是更难用。我们的目标是让产品整体的易用性最大化。

例如，你要给智能手表系统增加一个全局的快捷下拉菜单栏，那么你需要在考虑下拉菜单栏功能本身的同时，兼顾这个下拉菜单栏是否会影响其他场景下的使用。例如，浏览内容向下滚动时，是否会误触，将下拉菜单唤出，导致本来便捷的操作却给用户带来多余的麻烦。

(c) 短期和长期

如果一个功能能够满足短期的功能诉求，固然是好的，但是如果只是为了满足短期诉求而投入更多的资源，那么我们就需要客观地综合评估资源投入与价值收益的平衡。长期有利于积累内容和体验价值的功能，才是一个产品应该不断追求的。

5.3.2 协作

在第 4 章里，我们聊到了作为一个初级 IoT 产品经理，如果想很好地参与产品从 0 到 1 的研发过程，获得很好的成长，那么你需要成为一个优秀的合作者，除了自身能力的提升，也需要为他人创造价值，让自己工作的上下游都能够提升效率。

在这里，我们讲的协作更多是，当你要从负责一条产品线过渡到负责一个面的产品经理时，如何建立有效的协作方式，达成目标。本质上，这里所讲的协作，目的是提升做事情的效果，或者说，提升你负责的产品的业绩。

1. 拆分任务，合理分配

如果你已经成为某一个产品的负责人，表明你对产品的了解已足够深刻。随着负责的内容不断增多，通常你会带一些人，通过协调时间和分配任务，来达成产品的业绩目标。

合理分配任务是完成业绩目标的前提。清华大学管理学教授宁向东曾说过，做业绩管理，本质上就是做好两件事：第一件事，摆好人头；第二件事，算好时间。摆人头，是中国人的传统说法，翻译成管理学术语就是：拆分任务，合理分配。

为什么要拆分任务，这个比较好理解，一个产品的成功绝对不是一个产品经理就能搞定的，尤其是在产品足够复杂的时候。我们需要分工协作，产品的每一部分才有人负责，有人负责之后，才谈得上更深入地打磨产品，否则一个产品经理管理一个极其复杂的产品，要想获得较好的效果，基本是不可能的，即使可能，也是需要很长时间的，因为一个人能做的事情毕竟有限。

那么合理分工的好处是什么？如何做才算合理呢？

先回答第一个问题，合理分工有如下好处：

- 可以让事情更明确，权责清晰，可以促进效率提高，进而提升业绩；
- 产品经理会有主人翁意识，只要有相关事情，他都可以很自驱地加入并解决，不需要其他人推着走；
- 合理分工是建立在每个团队成员都认可的基础上的，由于每个人都大致可以按照自己的意愿负责相应的功能，从而可以迸发出极强的战斗力。

有这么多好处，还不赶紧去做？等等，做之前，你还需要解决第二个问题：如何合理分配工作呢？

1）你需要了解，每一个产品经理都是一个独立的个体，他们有不同的能力、性格，以及做事方法，只有让合适的人做合适的事，才能达到最好的效果。如果没有把合适的人安排在合适的工作岗位上，就会像你让鲁智深去做针线活一样，一定是一塌糊涂。

2）你还需要了解，每一份工作都有各自的特点，你需要针对这些特点合理分配。有的工作内容涉及很多对外合作事项，例如 App 应用商店，需要经常与其他公司和开发者打交道；有的工作内容不仅需要进行产品设计，还需要协调其他团队的资源和进度，要求产品经理有项目管理的能力，例如一些内部合作项目；有的工作内容要求产品经理有极强的产品设计能力和用户洞察力，例如一些需要用户深度参与的功能。

3）对于不同类型的工作，需要由不同的人来完成。有的人善于营造生态体系，与外部沟通；有的人善于协调资源，进行项目管理，而有的人则更沉醉于产品体验设计的领域不能自拔。我们需要在团队里找到相对合适的人，分配相对合适的工作，以便取得更好的效果。

有些时候也会出现一些突发情况，工作的安排就不能遂人愿了，比如新开发一个模块或者新做一个 App。作为团队负责人，你需要从现有的产品经理中找到可以胜任的产品经理，或者你需要招到符合这个岗位要求的人。

2. 明确目标，全力推进

人员安排明确了，产品工作的每一模块都有人可以依赖，下一步就是我们上一节提到的"算时间"的部分了。

按照我的理解，算时间就是明确工作的目标、对工作过程的监控，以及不断地改善工作，这里给大家介绍 3 个比较实用的模型，以及在实际工作的使用注意事项。

（1）明确目标：SMART 原则

目标需要明确，否则没有办法考核是否已经完成。假如你在经营一家餐厅，作为老板，你会要求餐厅的环境整洁干净。这当然无可厚非，整洁干净的环境会给顾客愉悦的感觉。但是，整洁干净这样的目标不是一个好目标，因为到底什么样才是整洁干净，1000 个人心中会有 1000 个标准。那怎么办呢？或者，你应该如何要求餐厅的员工做到整洁干净呢？

答案是，目标要具体——虽然每个人对整洁干净有不同的认知，但是我们可以提出具体的要求。以打扫桌面为例：

1）桌子上要没有油渍、污渍、水渍，桌面要光亮；

2）桌子要擦三遍，一遍用干抹布、一遍用洗涤剂、一遍再用干抹布；

3）桌子的打扫时间不得低于 2 分钟，但为了不让顾客久等也不能超过 4 分钟。

这样的目标才是具体的，也是符合 SMART 原则的。那么什么是 SMART 原则呢？

SMART（Specific、Measurable、Attainable、Relevant、Time-bound）原则是为了利于员工更加明确高效地工作，更是为管理者将来对员工实施绩效考核提供了考核目标和考核标准。

下面，我们具体看一下这几个字母代表的意思：

- S(Specific) 代表目标是具体的，指绩效考核要切中特定的工作指标，不能笼统；

- M(Measurable) 代表目标是可度量的，指绩效指标是数量化或者行为化的，验证这些绩效指标的数据或者信息是可以获得的；
- A(Attainable) 代表目标是可实现的，指绩效指标在付出努力的情况下可以实现，避免设立过高或过低的目标；
- R(Relevant) 代表目标与其他业务有相关性，指绩效指标是与工作的其他目标相关联的，是与本职工作相关联的；
- T(Time-bound) 代表目标是有时间限制的，注重完成绩效指标的特定期限。

看完上边的 SMART 原则，结合上面提到的在餐厅打扫桌面的例子，你可以看到，餐厅整洁干净的目标是可以很具体的——不能有油渍、污渍、水渍，桌面要光亮；也是要可度量并且可实现的——桌子要擦三遍；而且有时间限制——打扫时间为 2~4 分钟；最后，当然桌面的整洁干净与餐厅其他地方的清洁程度都是相关的。

怎么样，还是不会用？那我们再来用日常产品工作中的一件任务来举例说明。

现在有一个任务，需要新开发一个 App，以帮助用户高效背单词。你需要安排一个产品经理来做这个 App 的产品需求文档。

首先，分析任务：为一个高效背单词的 App 做一份产品需求文档。

其次，我们来看下目标的几个方面，并按照 SMART 原则的指导安排工作，比如你安排狗剩来做这件事。

- **具体的目标**：你需要他做一个帮助用户高效背生词的 App 的产品需求文档。

- **可度量和可实现的目标**：产品需求文档里需要写需求背景、产品架构、产品功能说明、竞品信息、埋点这几个模块。
- **相关性强的目标**：这个功能需要与之前已经有的单词本 App 相配合。
- **有时限的目标**：这个产品需求文档需要在本周四 18 点前完成并邮件发出。

这下，如何做到 SMART，你应该是了然于心了吧。下次，你不论给他人安排工作目标，还是自己设定目标，都用这个方法试试吧。

（2）持续跟进：管理学中的"控制"职能

工作安排给了相应的人员，也明确了一段时间内的工作目标，你可能在想，似乎可以休息一下，就等结果了，实际上没那么简单。目标虽然根据 SMART 原则进行了较为详细的安排，但工作是否在开始时交代得足够清楚，执行过程中是否会有偏差，执行后结果是否有问题，这些都是作为产品经理需要关注的。该如何关注呢？你当然没办法时时刻刻关注每个人的工作情况及进展，不过可以借助管理学中提供的相应工具，有节奏、有章法地跟进工作。

这就是管理学四大职能——计划、组织、领导、控制中的"控制"职能。一般来说，管理中采取的控制可以在行动开始之前、进行之中或结束之后进行，三个时间点的控制被称作三种不同的控制模型。第一种称为前馈控制或预先控制；第二种称为同期控制或过程控制；第三种称为反馈控制或事后控制。

（a）前馈控制

管理过程理论认为，只有当管理者能够对即将出现的偏差有所觉察并及时预先提出某些措施时，才能进行有效的控制，因此前馈控制具有重要的意义。个人认为，你如果用上一节提到的SMART原则来制定目标，那么前馈控制就算完成了一大半。因为目标足够明确，产品经理可以很清楚地了解自己的产出应该是什么，应该达到什么样的标准，以及什么时候产出。

除了详尽的目标，作为了解业务比较深刻的产品经理，为了提高效率、避免踩坑，你需要为具体执行任务的人员提供一些指导，告诉他们哪里可能会出错，在做某一个动作的时候要注意哪些问题。这样前馈控制就完成，可以进入下一步了。

(b) 过程控制

过程控制，是在事情执行过程中，为了保证方向上不出现偏差，而对工作进程进行的定期或不定期的检查。在产品经理工作的过程中，如果遇到了需要耗费很多精力的需求，必须定期检查，否则如果在过程中方向出现了偏差，即使按时完成了工作，我们也会付出惨痛的时间代价，甚至可能导致整个方案的推翻重建。

所以，建议产品经理们不论如何，在工作过程中一定要找时间对齐工作的思路和方向，防止最后的效率损失。它可以是定期的，也可以是不定期的，可以是比较正式的在会议室中的会议，也可以是很快速的站会，只要能够同步当前的进展以及问题即可。问题最好在会上直接解决，这样会后则可以按照会议结论直接行动，提高了效率。

(c) 反馈控制

反馈控制又称事后控制或成果控制，是一种在计划执行一段时间或结束后进行的事后控制，主要为下一步计划的实施总结经验,它常常是管理控制工作的主要形式。

每一项重要工作结束后,你需要给产品经理的工作进行评价,并给出相应的改进建议,这就是反馈控制,从而提升产出的质量。长期坚持反馈控制,产品经理可以总结相应经验,通过下一次有意识的改进,来改善工作效果,进而获得能力上的提升。

如果你负责的产品有很多模块,而且这些模块由很多人负责,你不可能每天都问一遍各个产品经理进展如何,所以更好的办法是,培养你的团队成员主动反馈的习惯,这样他们就会定期或不定期地来找你,而不是你问一下,他们回答一下。这样良性循环下去,你的产品管理工作会越来越顺利,也会节省很多精力。同时,这样主动反馈的机制,也能督促团队成员积极推进自己的工作,激发他们的工作热情。

(3) 持续进步:PDCA方法

在反馈控制后,我们就需要对工作进行评价,并给出改进建议,这很像"全面质量管理"的思想基础和方法依据——PDCA循环。PDCA(Plan、Do、Check、Act,计划、执行、检查和处理)循环是由美国质量管理专家休哈特博士首先提出的,由戴明采纳、宣传,获得普及,所以又称戴明环。PDCA循环就是按照计划、执行、检查和处理这样的顺序进行质量管理,并且不停地循环下去的科学程序。

1)P,包括方针和目标的确定,以及活动规划的制定。——像我们这里说的明确目标。

2)D,根据已知的信息,设计具体的方法、方案和计划布局;再根据设计和布局,进行具体运作,实现计划中的内容。——执行就是根据目标开始着手某项工作。

3）C，总结执行计划的结果，分清哪些对了，哪些错了，明确效果，找出问题。——这里的检查是指事后控制，对工作的效果进行评价。

4）A，对总结的结果进行处理，对成功的经验加以肯定，并予以标准化；对于失败的教训也要总结，引起重视。对于没有解决的问题，应提交给下一个 PDCA 循环去解决。——这里的处理就是根据评价结果给出后续行动建议，并将建议付诸实践。

以上四个过程不是运行一次就结束的，而是周而复始地进行，一个循环结束，解决一些问题，未解决的问题则进入下一个循环，重复上述过程。

通过上述方法，我们不仅可以很好地完成当前的目标，而且随着 PDCA 循环的不断执行，我们的能力也会不断提升，以更好地胜任今后的工作。

3. 领导力，而非领导

写下这个标题，我才想起来，我的大学毕业论文就是研究跨文化领导力的，现在想想，当时对领导力的理解，仅仅只是一个理论模型。

所谓领导力，它的含义很丰富，作为一个管理学概念，各家也都有各家不同的解释。

领导力和领导是有区别的，在我看来，领导是从职位的角度上来看管理，所谓"官大一级压死人"，随着越来越多拥有自主想法的年轻人走上工作岗位，这种管理方法几乎很难起到作用。而领导力反而能够在这个强调个人自由发挥、组织紧密协作的时代发挥更大的作用。因为领导力，可以将团队成员的身份地位拉平,大家可以就事论事,平等对话。

所以,领导力绝对不是安排团队成员干活,而是通过自己的躬身实践,通过自己的专业度,来影响团队成员一起做好产品。当遇到困难的工作时,具备领导力的产品经理也一定是产品经理中最能解决问题的一类人,而且他们的品质可能会引领他们获得最终的成功。因为领导力要求产品经理主动采取措施,影响他人,解决问题,最终推动项目顺利落地。

有一部关于二战的电影——《拯救大兵瑞恩》,电影里的主人公米勒上尉的经历就很好地体现了他是如何运用领导力领导团队,使团队成员认同目标,并带领他们一步步达成目标的。

> 美国伞兵瑞恩因空军投放错误被困在敌人德军腹地,生死未卜;三个兄弟阵亡,如果他也不幸遇难,他的母亲将老无所依。美国盟军作战总指挥部考量了这一情况,派遣一个突击小分队前往救援。
>
> 刚经历过无比惨烈的诺曼底登陆战役的米勒上尉,挑选出自己手下仅存的几个优秀兵士和翻译兵厄本组成救援小分队。但是,他们无法理解并质疑上层的决定,在明知需要付出生命代价的情况下,以八个人去救一个人,这个决定近乎荒诞。敌方危机重重,小分队经历坎坷:出发不久他们遇到了一家法国人,固执、善良的大兵卡帕索为了救法国小女孩不幸中枪身亡;米勒上尉鼓励大家,继续前进,找到了瑞恩;翻译兵厄本懵懂、懦弱、善良,在战争中成长,最终成为一个真正的战士;小分队成员先后负伤、阵亡,最后米勒上尉也牺牲了。

其中，最让我感到震撼的，是米勒的两次领导力爆棚的时刻。

第一次，是小分队在攻打德军的一个碉堡时，抓到了之前用机枪扫射他们并导致一名队友阵亡的德军，团队里的成员都建议米勒直接将这位俘虏就地处决。但是米勒放走了他。大家还因为这件事大吵起来，认为八个人去救一个人很不值得，团队面临解散的风险，但米勒的一番话改变了大家的看法。

第二次，是小分队在找到瑞恩后，瑞恩不愿意跟随他们离开战场，坚守职责。米勒说服小分队成员一起留下来作战。最终小分队伤亡惨重，米勒也在战争中牺牲。

其实，产品经理这个岗位也需要具备更好领导力的人来胜任。我这里简单阐述一下对于 IoT 产品经理来说，领导力意味着什么。

第一，领导力意味着 IoT 产品经理需要对目标十分明确，并能够很好地传达给项目组成员，得到他们的支持。

第二，领导力意味着 IoT 产品经理面对选择时能够果断做出正确决策，并让项目组成员接受。

第三，领导力意味着 IoT 产品经理十分清晰如何实现目标，如果遇到困难，如资源不足等，能够承担起责任，并最终克服困难。

第四，领导力意味着 IoT 产品经理需要带领其他产品经理，带领开发、测试、设计等所有项目组成员一起达成共同的目标。

4. 提升影响力

你可能会问，刚才讲的领导力与这一节的影响力有什么区别呢？从表现上看，他们都有能够影响他人，进而达到目标的特质，看起来并没有什么不同；但从范围上看，我认为，影响力的范围更大。

从图 5-9 中可以看出，领导力的范围限于本团队，以及紧密相连的团队的一部分。而影响力，本团队自不必说，在相关联以及不相关联的团队中也有它的身影。影响力是更大范围的领导力，只是这种领导力没有组织或职位上的保证。产品经理与其他团队合作，需要完全依靠影响力，来争取更多的资源支持。由于团队与团队之间是平等的，这种影响力对跨团队项目推进是至关重要的。

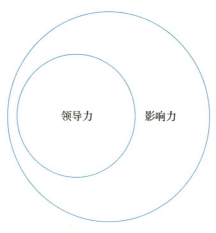

图 5-9　领导力与影响力的关系

《深度影响》这本书提到，受喜爱和受尊敬是影响力的两个核心。IoT 产品经理需要把控好二者的平衡，如果处理得好，他的影响力就会很高。书中提出了 FREE 四步法。具体来说就是第一印象、融洽的关系、情感连接、发挥影响力。这里最重要的是前三步，只要前面做好了，最后一步便会自然而然发生。

第一印象在人际交往中极为重要，因为那决定了一个人是否愿意与你继续交往下去。除了外在形象外，产品经理更需要注意自己的专业度印象——时刻体现出自己是专业的，不要在工作中暴露出自己不专业的一面。这就要求产品经理不断地学习，与时俱进。

有了良好的第一印象之后，就可以想办法让彼此的关系更加融洽。曾经看到一个产品老兵给产品新人提了8条建议，其中有一条我记得非常清楚：产品经理受人喜爱也是很重要的一项能力。确实，由于工作性质的关系，产品经理经常需要说服团队其他成员，有的时候为了交付更好的产品也会提一些看似苛刻的要求，这时，你不仅需要有理有据的论述，你的人格魅力也是很重要的因素。

如何建立情感连接呢？相信大家都有与一群人参加比赛的经验，如果你比较投入的话，一般比赛过后，大家会成为很好的朋友，为什么呢？原因就是你们共同为一个目标奋斗过，遇到困难一起冲上去解决问题，或者为彼此分担痛苦，而所有这些经历都让你和团队成员的关系拉得更近了。产品经理与项目成员的关系也一样，你需要更多地创造与大家一起奋斗的场景，比如一个新产品的开发过程，你会跟大家一起在周末加班，比如一个迭代的开发，开发时间不够，但是需求必须上，你会跟大家一起讨论方案到很晚等，所有这些都是可以建立并增强情感连接的。但请记住，这些行为必须出于真心，如果仅仅把这些行动作为工具，那么情感连接也有可能起到事倍功半的作用。

经过这三个步骤循序渐进地交往和沟通。一般来说，对方就会更加相信你，更容易受到你的影响。

5.3.3 项目管理

为什么要讲项目管理呢？这不是项目经理的职责吗？产品经理也需要关心这些吗？难道是因为项目经理也叫 PM 吗？

如今的项目管理已经融入几乎所有的任务之中，不论你管理的是一个很小的功能，还是一个由多条线组成的产品，你都会遇到项目管理问题。在很多产品项目里，由于版本迭代较快，产品经理也比项目经理更了解产品细节，所以产品经理会承担一些项目经理的职责，保证项目的结果，确认项目的上线时间。

当然，产品经理虽然需要负担起一部分项目经理的责任，但并不是说必须考一个类似 PMP 的证书。在这一部分，我将简要介绍一下项目管理的相关知识，以及一些工具和思维。

1. 项目管理概述

（1）什么是项目管理

说到项目管理，其实大家并不陌生，但如果仔细考察，究竟什么东西可以被称为一个项目呢？

PMBOK（Project Management Body of Knowledge，项目管理知识体系指南）将项目定义为：为创造独特的产品、服务或成果而进行的临时性工作。

可以看出：

1）项目的目标是交付一个结果（产品、服务或成果）；

2）项目是一个临时性的工作，意味着项目是有明确的起点和终点的。

从产品的角度来看,我们每开发一个新产品,或者进行一个版本的迭代都算作一个项目。

那么什么是项目管理呢?

项目管理是指在项目活动中,运用专门的知识、技能、工具和方法,使项目能够在有限的资源、限定的条件下,实现或超过设定的需求和期望的过程。项目管理是对一些成功地达成一系列目标相关的活动(譬如任务)的整体监测和管控,包括策划、进度计划和维护组成项目的活动的进展。

(2)项目管理三角形

如图 5-10 所示,项目管理三角形涉及项目管理中时间、成本、范围三个要素相互作用的关系。

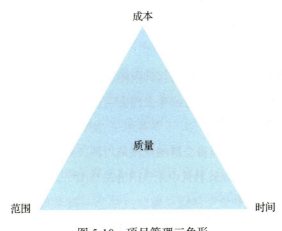

图 5-10　项目管理三角形

1)时间:达成项目目标需要的时间。通过它,我们可以明确项目的完成时间点。

2)成本:达成项目目标需要投入的资源。从 IoT 产品角度来讲，主要就是人力成本。

3）范围：需要达成的目标的范围。例如，是完成 2 项功能，还是完成 5 项功能，这些功能具体是什么等。

在一个项目启动之初，我们需要充分考量时间、成本和范围三者的实际情况。例如，我们要进行一个版本的迭代。根据产品需求确定迭代的范围是 5 个功能，这 5 个功能研发评估的开发时间是 3 周，两周时间测试才能够上线，而按照之前版本的迭代节奏，我们需要在 4 周后发布一个新版本。

如果按照 5 个功能的工作量开发，我们需要 5 周时间，而迭代的节奏只允许 4 周时间。这就是时间上出现了问题。为了解决问题，根据项目管理三角形中的三个要素，我们有三个选择。

1）项目延期，就是时间上做调整。
2）调整需求，就是范围上做调整。
3）增加投入，就是成本上做调整。

前面提到过，如果团队一旦形成了自己的迭代节奏，一定要尽量避免打乱节奏的动作，故"项目延期"一般不推荐。

所以我们能做的只有"调整需求"和"增加投入"了。需求的调整有两种方法，一种是做减法，比如功能从 5 个减少为 4 个；一种是做拆分，具体可参见 5.3.2 节，IoT 产品经理需要根据实际情况做相应的决策。

增加投入，从 IoT 产品的开发角度来说，就是增加人手，这样可以让单位时间内的产出增加。之前某个功能 1 个人需要 10 天，如果加到 4 个人，那么这个功能就只需要 2 天半。当然对于一个比较稳定的产品来说，短时间大量人力资源的加入并不是经常的事情。

作为产品经理我们在设定项目计划的时候,要充分考虑以上三项的相互作用,与团队充分沟通,仔细评估,找到能够达成目标的平衡点。

当然,这三项内容也都会有例外情况,例如有些时候它们无论如何也不能被调整,一般出现在项目事关重大且与其他部门关系密切的情况,如配合新产品发布、大的市场活动、大促销活动。

项目启动之后,由于时间、成本、范围可能存在变动,所以我们不能认为已经确定的平衡关系可以一劳永逸,IoT产品经理需要时刻关注项目的进程以及相关要素的变动情况,一旦某个要素出现偏差,需要立即进行分析、与项目成员讨论,并形成新的平衡。项目进程也就是在这三要素的平衡、不平衡,再到平衡中不断推进并达成目标的,能够在此过程中起到主导作用,也是产品经理的重要能力之一。

(3)项目管理五步骤

经典的项目管理理论将项目管理分为以下五个步骤,这里简单介绍一下,以帮助你建立一个基础的项目管理知识框架,如图 5-11 所示。

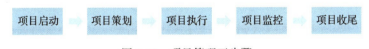

图 5-11　项目管理五步骤

1)项目启动:确保正确理解项目目标。

项目启动阶段预示着一个项目的开始,主要工作就是确定项目管理三角形中三个要素的情况。在 IoT 产品开发中,项目的启动会还有一个专门的名字：项目启动会（kick-off meeting）。你可能认为这个会就是一个走流程的会议，没有什么实际作用。但我个人认为，项目启动会十分重要，它可以明确项目的参与者（这件事与我有关，我需要全力配合），让各个参与者明确自己的职责（明白在这个项目里我需要做什么，什么时候需要产出什么内容）。经过这个会议后，一个项目组就成立了。这是对于新的项目，如果是老的项目（如产品的持续迭代），项目成员已经很明确自己的角色和职责，那么会议的主题更多就变为确定目标、解决问题。

2）项目规划：计划一个项目的时候，恰当把握项目需要的时间以及成本。

项目的计划就是针对三要素进行详细安排。

- 范围：要做哪些工作，这些工作的优先级是什么，工作与工作之间是否存在依赖关系，某一项工作是否需要另一项工作先完成才可以开始等。
- 时间：要做这些工作，需要的时间是多长，项目的几个关键节点是什么，项目的最终时间节点是什么，是否有缓冲时间。
- 资源：要做这些工作，要投入多少资源，当前资源是否足够，如果不够，需要决策是否需要从其他团队协调还是直接招人。

3）项目执行：正确管理项目以确保项目符合它的目标（成果、预算、时间表、质量）。

任务执行阶段就是需要项目成员按照所分配的任务来按时高效执行。项目经理需要做好前期工作、范围变更、记录项目信息、激励组员和强调项目范围及目标。

4）项目监控：在项目实施期间，需要对项目的执行进行监控，包括是否按时按量完成等情况。

项目的监控可使用专业的项目管理软件来实施，比如绘制项目甘特图。项目监控通常与执行结合起来，项目经理需要做到能够及时变更范围、评估质量标准、状态报告和风险应对。项目的监控，也可以使用前文在"持续跟进"中介绍的方法：过程控制，来监控项目实施过程中是否有偏差，是否有重要问题需要解决等。

5）项目收尾：一旦项目交付的成果符合所要求的质量，即可完成项目。

当项目结束后，就需要及时关闭。产品经理/项目经理对结果进行评估检验，并组织项目干系人一起开会，盘点整个项目过程中的收获与感悟。

这五个基本步骤，也说明了项目管理的生命周期。

2.简单项目和复杂项目的区别

（1）简单项目

如果你是一名初级产品经理，那么你大概率管理的是一个简单项目，只有一个功能，有明确的成本投入，以及比较清晰的时间节点。因为项目比较简单，所以范围、成本、时间三要素的变动可能性较小，只要做好初期的确认，基本上不会存在什么问题。

（2）复杂项目

那么什么是复杂项目呢？可以从以下几点来判断。

1）**范围：是否有多个子项目**。刚才提到，简单项目是线性的，有单一的任务目标，而对于复杂的项目，很重要的一点是它可能包含多个子项目，每一个子项目下可能还会有更细分的项目。复杂的项目就像金字塔结构一样，一个金字塔就是一个项目，包含软硬结合、软件、算法、硬件。其中，软件又包含前端页面、后端数据和服务、客户端界面逻辑等各部分的工作。

这里的每一项子任务都要评估出范围、成本和时间，将这些细分项目的三要素情况统计并写下来，用来跟进如此复杂的项目。这里给大家推荐一个工具——甘特图（在后面工具部分会向大家详细介绍）。

2）**时间：是否在时间上并发**。除了范围涉及的多以外，复杂的项目会涉及各个子模块完成时间的协调。这需要产品经理从整体考虑项目时间点。

例如，我们要做一个桌面下载小程序，它大致包括：后端，壁纸管理系统，用来查询、上传、编辑、删除手机壁纸；小程序客户端，用来在手机上运行，并展示后端传过来的内容；联调，后端开发完成后，可以将壁纸传到小程序端，并正常显示，这一过程需要两端的开发人员配合调试，否则会出现内容传不过来，或者内容传过来但没办法展示的问题。

产品经理需要将"后端"和"小程序客户端"两大部分的工作罗列出来，并分别评估他们需要的时间，因为整个小程序的上线同时依赖两个功能，所以需要同时开发完成。这样涉及多端、多个开发岗位的，而且时间上存在并发的项目显然就是复杂项目。

3）**是否涉及其他产品线**。是否涉及其他产品线也是一个重要特征，如果你是高级 IoT 产品经理，负责了几个产品线，那么你应该能够有比较深刻的体会。对于一个大模块，里面有多个 App 时，模块的迭代需要考虑一个 App 的项目时间是否受到另一个 App 时间的影响。如果有影响，那么你就需要考虑这种依赖关系，将两个 App 的发布时间尽量放在一起更新。

例如，之前做过的项目，智能手表中的运动 App 需要推出新的心率监测模式，不仅运动 App 需要开发逻辑和页面，而且因为是与心率相关，所以心率 App 的逻辑也需要相应调整；由于两个 App 在心率数据上有很密切的依赖关系，所以两个 App 又需要联调。面对这种相互依赖以及需要联调的情况，两个 App 迭代的项目时间安排就需要统筹考虑，一起发布。

面对复杂的项目，产品经理一方面需要头脑清晰，对 App 之前的依赖关系十分清晰，另一方面，也需要善于运用工具，帮助自己将复杂的情况图形化、简单化。

（3）如何处理复杂项目

上一节说到，复杂项目对 IoT 产品经理的处理能力的要求很高。思维上，我们需要保持头脑清晰，明确项目的三个要素，即范围、时间、成本；方法上，我们需要利用一些能够帮助我们提高效率、理清思路的工具。

3. 复杂项目管理的思维工具

（1）工具

高级 IoT 产品经理需要的项目管理工具不需要太多、太复杂，因为项目管理的目的是将项目安排清晰化，让项目安排变得简单易懂，帮助项目组所有成员理解，进而推进项目达成目标。

这里有两个工具介绍给大家。

(a) 版本计划

版本计划，一个可以将比较成熟产品的迭代清晰化的工具，它特别简单，但是对于团队所有人对下一步的预期十分重要，也会成为团队接到新任务后，评估工作量和时间节点的有力工具。

版本计划的内容如何体现？我建议可以将每个版本列在一张表格上，表格的项目因项目而异，但是基本的内容应该有。

- ❑ **计划版本号**。计划版本号指的是后续发布的版本的编号，例如，V1.0 之后是 V1.1、V1.2、V1.3 等，但有些团队也会在 V1.0 之后发布 V1.0.1 的版本。一般来说，有新增功能以及大的 Bug 修复，会增加第二位版本，如 V1.0 到 V1.1。如果只有 Bug 的修复，团队也会选择第三位的数字，如 V1.0 到 V1.0.1。不过，版本的命名没有统一的固定规范，如何命名主要看团队的规则即可。

- ❑ **迭代范围**。迭代范围是指产品功能适用的范围，例如，公司有 3 个产品，分别为 A、B、C，产品功能需要在 A 上实现，那么迭代范围就是 A。另外，对于国际化产品，还需要考虑功能在国内或国外的适用情况，这些信息十分重要，直接关系到研发内容和时间安排。

- ❑ **迭代内容**。迭代内容是指规划的版本中需要包括的需求或 Bug，由于是前期的规划，产品经理只需要写出大的功能点和最需要解决的 Bug，没有必要事无巨细，毕竟我们还有 JIRA（国内大部分主流互联网公司都用 JIRA 来管理 Bug）。

- ❑ **时间节点**。迭代项目的时间节点指的不仅仅是完成项目的最终时间，还包括开发结束的时间点、测试完成的时间点，以及发布上线的时间点，而一般情况下，发布上线的时间点即测试完成的时间点。

版本计划表如图 5-12 所示。

版本	迭代范围	迭代内容	时间节点
V1.2-计划	iPhone 11	新增：若干新功能	开发完成:10/30 测试完成&上线：11/10
V1.1-进行中	iPhoneX及以上	修复：若干Bug 新增：一个新功能	开发完成：9/30 测试完成&上线：10/10
V1.0-完成	iPhone 8	修复：若干Bug 新增：一个新功能	开发完成：:8/30 测试完成&上线：9/10

图 5-12　版本计划表

(b) 甘特图

甘特图（Gantt Chart）以提出者亨利·劳伦斯·甘特（Henry Laurence Gantt）先生的名字命名，又称为横道图、条状图(Bar Chart)。其通过条状图来显示项目、进度和其他时间相关的系统进展的内在关系随着时间变化的情况。通俗来讲，甘特图是将活动与时间联系起来的一种图表形式，显示每个活动的历时长短，如图 5-13 所示。甘特图能够从时间上整体把握进度，很清晰地标识出每一项任务的起始与结束时间，这也就不难理解甘特图的产生原因了：因为生产管理领域生产计划制定的需要而产生。

甘特图是将任务与时间联系起来的一种图表形式。它的横轴是时间，从图 5-13 中可以看出一个项目的条状的长度代表这个项目所需的时间,所以条状越长,对应项目所需要花费的时间就越长。这里举的例子,时间的最小颗粒度是 1 个月,常用的时间颗粒度有周、天,具体用多大的时间颗粒度需要由产品经理和项目经理根据实际情况进行判断,更细的颗粒度有助于项目进度的把控。一般情况下按周为最小的颗粒度比较合适。

任务	6月	7月	8月	9月	10月	11月	12月	1月	2月
任务 1									
任务 2									
任务 3									
任务 4									
任务 5									

图 5-13　甘特图举例

纵轴是任务,或者叫作子项目,每一个可以独立拆出来的子项目都需要单独列一行。这样可以清晰地看到各个任务开始和完成的时间,也有助于产品经理和项目经理针对不同的任务进行跟进。建议项目一开始,就将任务拆到最小单位,这样各个任务清晰明确,后续判断评估任务是否完成也有很好的依据,否则需要浪费很多时间去界定任务。

甘特图不仅适用于新规划的产品,也适用于迭代的版本。对于 IoT 产品经理而言,甘特图绝不仅仅是跟进软件迭代的工具,双金字塔模型中其他的项目如硬件、算法的任务也可以使用甘特图来管理进度。它看似简单,但能够清晰地给出任务的起始和结束的点,而且操作起来也比较简单。在使用甘特图时,产品经理需要注意,它是一个动态的表格,应该定时根据项目的情况调整图上的进度安排,有的任务可以提前完成,有的任务需要延期完成,我们都需要如实地更新在上面,否则它没有办法发挥出最大效力。

(2)思维

介绍完高级 IoT 产品经理可以利用的项目管理工具的"干货"后,我们可以稍微聊一点比较"务虚"的内容,即复杂项目管理的思维。做到高级产品经理后,我们不应该满足于解决一个个单点的问题,而是需要有意识地将相同的问题归类,形成规则,当问题出现的时候用规则、流程来解决问题,让解决方案自动触发。

只要项目没有停止,项目管理的工作就会持续进行,这是一个常规的管理问题,我们可以用流程和规范来帮助自己提高管理效率。从我个人的经历来讲,项目管理最重要的是流程化、规范化、节奏化。

一个产品从初期刚刚建立,到慢慢逐渐成熟,走向正轨,产品的迭代会经历一个无序状态——对于后续版本的迭代内容没有明确的规划,对于后续迭代的时间没有计划,导致团队工作陷入混乱,大家都在解决眼前的问题。如果这个时候来了新的需求,由于之前没有很好的计划,会导致原本无计划的版本更加混乱,而且增加的额外工作量会使团队显得更加被动。当然这不是一个必经阶段,产品经理可以提前预见到这些问题,在产品发布初期就与团队一起制订大家认同的规则,将版本的迭代流程化、规范化,并将版本节奏化,就像我们之前介绍的迭代的敏捷开发方法一样。

项目流程化、规范化、节奏化的建立,不是只通过产品经理的一己之力就能够完成的,它需要成为团队的肌肉记忆,成为团队成员项目执行的行动准则,例如项目执行中也确实会出现一些特殊情况，可能要打破流程，那么团队成员就会本能地避免相关动作的发生，维护项目的流程。

在项目更加流程化、规范化之后，并不代表项目会一直没有问题，项目管理中仍然会出现一些突发问题，但是由于之前的规范，产品经理和研发人员就可以节省更多时间和精力来更好地解决项目突发问题。

如老庄哲学所说，治大国若烹小鲜的道理一样，项目管理的最终目标应该不再是需要投入太多的时间进行常规的项目管理，而是花更多的时间处理突发状况，同时能给产品经理节省出时间考虑产品创新的问题。

5.3.4 产品创新

本节主要从四个方面介绍产品创新的相关知识。

1. 什么是产品创新

现代创新理论的提出者约瑟夫·熊彼特认为，所谓创新就是要建立一种新的生产函数，即生产要素的重新组合，就是要把一种从来没有的关于生产要素和生产条件的新组合引入生产体系中，以实现对生产要素或生产条件的新组合。

产品从 0 到 1 是创新，从 1 到 1.1 也是创新。例如，采用一种新的产品，也就是消费者还不熟悉的产品，或一种产品的一种新的特性。极具开创性的产品一定是一种创新。改进产品性能、改进生产方式、降低成本等这种基于已有产品进行的优化也是一种创新。从 0 到 1 的产品不是经常有，但是从 1 到 1.1 的创新，可以每天都发生。

谈到产品创新，就不得不谈一下网易云音乐，它的音乐评论功能就是一个典型的产品层面的创新。

自 2013 年 4 月上线以来，网易云音乐在一片红海中异军突起，成为业内增速和口碑领先的音乐产品，用户数在 2015 年 7 月突破 1 亿，在 2018 年 11 月突破 6 亿。Trustdata 数据《2019 年 1 季度中国移动互联网行业发展分析报告》显示，在移动音乐市场中，网易云音乐依托优质体验，用户黏性位居第一，以 33.5% 的数值领跑行业。

移动互联网时代，音乐产品不应该再只是音乐播放器，要更关注移动社交。乐评的出现，改变了用户的传统听歌习惯，在网易云音乐上，超过 50% 的用户边听歌边看评论（行业平均水平不足 10%），而 "999+" 乐评也成为判断歌曲热门程度的标准之一。目前，网易云音乐累计产生 4 亿条乐评，用户日均产生乐评数 150 万条，拥有国内最大的乐评库。

云音乐通过挖掘产品的更丰富维度，建立了一种前所未有的边听边看的听歌体验，而且他们在评论机制上做了很多优化，用户也极为喜欢这种形式，就像在贴吧聊天一样——如果有人在评论里讲了一个故事，会有很多人跟帖，并追问故事的进展，这让歌曲、故事、跟帖形成一种独特的社交形式，显然能提高用户黏性，音乐产品便真的不只是音乐播放器了。

2. 产品创新会带来什么

产品创新会带来什么？或者说，产品创新有哪些优势？

（1）建立短期竞争优势

产品创新能够让它在市场竞争中建立优势，如果这个创新仅仅是界面交互的创新，那么这样的优势就不会保持太久，只能建立短期的竞争优势。

产品创新由于给用户提供了新的体验，其他竞争都暂时没办法短时间提供，那么就建立的产品的差异化，但就像上面所提到的，如果创新没有核心技术，差异化的内容虽然领先竞争对手一时，但难以避免被抄袭的命运。

（2）获取长期竞争力

产品创新的目标应该是建立长期的竞争力，这对产品经理的要求极高，对于每一个功能，我们不仅要考虑交互设计上如何让产品好用，更重要的是要考虑我们的业务是否可以长期建立优势，是否需要建立相应的内容或服务体系，是否需要推动研发新技术等。

要想获得产品的独特竞争力，产品交互、产品逻辑的创新虽然是一个方法，但因为门槛很低，只能建立短期的竞争优势，如果要获取持久的竞争力，则必须推动技术创新。作为高级IoT产品经理，我们要对产品的竞争力负责，如果需要建立产品的壁垒，需要产品经理起到团队推动力的作用，主动发掘用户需求，并在用户需求的基础上发现甚至发明更好的业务形态，从而推动技术创新，建立别人无法学会的门槛，至少也必须是别人学起来比较困难的门槛。

3. 避免功能的简单罗列和叠加

前边论述了少即是多，即产品功能并不是东西多就好。我们还是以智能手表为例，对比一下是否功能越多就越受用户喜爱。

2018年10月，华为GT作为华为智能手表的旗舰产品，在该系列产品首次发布时，其核心功能只有长续航、运动及健康、支付的功能，并不支持 Apple Watch 和 Wear OS 系手表的应用商店功能，不能下载更多应用，不能下载表盘，不能播放音乐，也没有语音助手等。对比起来，功能的数量相形见绌。但就是这么一个在竞品中显得缺乏卖点的手表，通过 6 个月左右的时间，在全球销量破 100w 台，创造了华为穿戴千元以上单品最快破百万的纪录，也成为华为中国最大的手表厂商。

为什么华为 Watch GT 初代能够获得如此大的成功呢？

原因就在于"少即是多"这个道理。他们并没有简单地堆砌功能，企图用数量取胜，如行业里普遍认为用户需要的应用商店，他们并没有支持。但是华为也并不是什么也没做，针对手表的续航，他们确实做了极大的技术创新，相比之前智能手表 2 天的续航，他们直接将续航天数提高到 7 倍，达到了 14 天续航，得到了广大用户的认可。

华为 Watch GT 能够获得竞争优势的原因就是他们选择了技术创新这条路，将低功耗的芯片 + 低功耗的操作系统创造性地结合起来。其实，续航一直是智能手表用户最大的痛点，而各大厂商只是在现有的硬件和操作系统（一般是 Android）上找优化的方法，基本不会用推翻现有的架构重新搭一套低功耗系统的方法来彻底解决这个问题。我们先不论这项技术的投入有多大，从产品创新的思路来讲，这么做还是很值得学习的。

4. 从功能到服务

从功能角度过渡到服务角度，首先，这是以闭环的视角做功能，用户的体验当然会很好，因为产品考虑了用户的更多需求。

其次，对于产品来说，这种视角有助于用户的持续投入，形成良好的产品口碑。

例如最近苹果在推出 Apple Watch 6 的同时，推出了一款服务"Fitness +"，该服务整合了 Apple Watch 的运动功能，并以视频课程的方式，为用户提供了一项全新的服务。用户可以将 Apple Watch 上的运动数据投到屏幕上，无论是 iPhone、iPad 还是电视。结合课程内容，用户不仅可以跟着视频中的教练运动，还可以实时看到运动的进程，以及各项数据的变化。而且，根据 Fitness+ 的宣传片，视频课程的内容是会持续更新的，用户选择特别多样。据媒体报道，苹果还组建了一支由健身专家组成的教练和培训师团队，专门为 Apple Watch 的运动生态提供优质的健身内容。

从这个角度看来，Apple Watch 已经打破了售卖硬件、仅做功能的思路，而是更多投入在课程内容领域，为用户提供完整的，线上、线下一体的体验，这也是一种产品的创新。

5.4 本章小结

在第 4 章，我们提到了初级 IoT 产品经理如何从点到线，成为负责整个大模块的产品经理。这一章是对第 4 章的进阶，主要从认知、态度和方法论三个层面梳理 IoT 产品经理可以从哪些方面做出努力。从中你也可以看出，IoT 产品经理是一个综合性的岗位，而以上三者的关系是，方法论是"术"，心态和认知是"法"和"道"，只有建立在高的认知层级、积极的态度之上，方法论才能充分发挥作用。

第 6 章 CHAPTER

IoT 产品运营

在了解了产品经理相关的内容后,本章将讲解与产品息息相关的运营工作。在讲解前,我们先来回答一个问题:产品做好就够了,为什么要做运营呢?

要回答这个问题,可以从运营的概念讲起。产品运营其实就是让产品运转起来,让产品在用户手中发挥其应有的作用。

从企业角度来讲,产品运营就是指基于企业经营和产品战略,以最优的路径和最高效的执行,建立产品在市场上的竞争优势,并最终取得产品市场成功的过程。

当前不论是互联网产品还是智能硬件产品,都需要运营这个动作。因为产品虽然开发出来供用户下载使用,或者已经生产出来售卖到用户手中,但如何让用户更好地使用产品,如何发挥产品的最大效用,是产品经理需要系统化解决的问题。

结合上面的定义来看,产品运营主要实现两个目标。

- ❑ **企业目标**:建立产品在市场上的竞争优势,并最终在产品市场取得成功。
- ❑ **用户目标(也称为产品目标)**:让产品在用户手中发挥最大的效用,并让用户真正喜爱上产品,建立产品口碑。

不过,再好的产品,如果没有精细化的运营,都不可能真正得到用户的青睐。在这个服务至上的年代,菜市场的摊贩也开始通过打折、降价、老客户优惠、送葱送香菜、结账不要零头等方式做运营,以保证客源,招揽更多回头客。作为一个希望在激烈的市场竞争中脱颖而出的产品来说,更应如此。我们可以回顾一下自己喜欢的产品或品牌,大多数产品都是本身品质很好且产品运营也做得很好的。

例如,小米的产品——不论是手机,还是生态链产品,如电热水壶、电饭煲、净水器等,都很受用户的青睐:一方面,小米产品的ID设计简洁且极具美感;另一方面,小米的客户服务确实做到了极致。曾经有那么一段时间,用户在小米网上购买了产品后,在评论区不是反馈问题,而是让客服小姐姐做一首藏头诗,而且几乎有求必应。如果不是真实"法伤㊀",你能想象在一家电商的产品评论区,客服给用户做起诗来吗?这是怎样一种服务的力量,又怎能不让用户喜爱呢?

在《参与感》一书中,黎万强是这样描述小米客服的。

> 我们在做客服的第一天就坚定这样的信念:客服

㊀ 在网络游戏《魔兽世界》中,法伤即法术强度。

一定要做好战略性投入。但是对我们的挑战是什么？我们产品的数量上得很快，所以刚开始我们的客服团队中用了很多外包人员。最开始的时候，我们甚至 60% 的客服人员是外包，40% 是自有，但现在已经慢慢变成 75% 是自有，25% 是外包。但是我觉得还不够，我希望在未来，100% 的客服人员都是我们的自有员工。给小米的用户做服务的人，当他们是小米公司一员的时候，才会对服务工作有更多的认同感，他们会感觉到，这是在给自己的用户做服务。

要死磕服务，先要死磕产品。我们要求每一位做服务的员工和研发团队的员工一样，先要成为小米产品的粉丝，每天都要用自己的产品。我们还在推行让粉丝成为员工。

虽然这是一个关于客服的例子，但从运营角度来看，也是这个道理。用户的喜爱不是无缘无故的，只有真心的服务才能换来真心的喜爱。

6.1 IoT 产品运营与软件产品运营

接下来，我们看看 IoT 产品运营和软件产品运营各有什么特点。

6.1.1 相同点

首先需要明确，IoT 产品运营和软件产品运营都属于互联网产品运营，它们有共同的目标，即上述提到的企业目标和用户目标。

IoT产品运营和软件产品运营的工作内容大致相同。以一个新产品为例，产品经理在做产品运营时应先问自己以下几个问题。

- **在产品研发到产品上线前，要问给哪些用户提供产品**——这是要明确产品的用户画像。
- **在产品上线前的内测期，要问用户是如何使用产品的，他们的使用体验如何**——这是要收集用户反馈，以便进行产品优化。
- **在产品成长期到产品爆发期，要问如何让用户更加了解产品，如何让用户更加喜爱产品**——这是要帮助产品建立口碑，促进用户的口口相传，进而促进销售。
- **在产品成熟期，要问用户还有哪些诉求没有被满足，如何进行产品的迭代更新**——这是要让产品更加受到用户的喜爱，提升产品的活跃度和黏性。
- **在产品衰退期，要问如何才能让老用户留下来，并持续给老用户提供新的服务或活动，同时为下一个新产品做准备**——这是帮助品牌维系老用户，并找到将老用户引导到新产品、新服务上的方法。

IoT产品运营和软件产品运营都包括三个层面的工作领域：内容建设、用户维护、活动策划。

1. 内容建设

产品的内容建设涉及两个层面，具体分析如下。

- **应用相关的内容建设**：并不是所有产品都会涉及这个内容，这里特指那些本身为内容型产品的应用，例如新闻、视频、音乐类的应用。在智能硬件领域，应用商店以及主题市场（表盘市场）中的应用、皮肤或表盘，也可以算作此类内容。所以，针对应用相关的内容建设，产品运营的职责就在于，通过审核、推荐以及标准的建立，来搭建好的内容展现策略以及新内容的产出标准。
- **产品使用相关的内容建设**：除了内容型产品本身需要的内容，所有产品，不论是 IoT 产品还是移动端产品，都需要建立一套用户使用指南，以帮助新用户学习如何更好地使用产品，帮助老用户解决使用中的问题。当前比较常见的形式是建立一个基于 H5 的知识库，使得用户可以随时通过手机查看产品的使用方法。H5 可以很方便地嵌入微信公众号或者 App 里，也可以很方便地分享出来。

2. 用户维护

用户维护有些抽象，那什么动作可以称作用户维护呢？在我个人看来，虽然行业不同，但产品运营就像一个化妆品销售员维护与客户的关系一样，第一，需要随时回答客户的问题；第二，需要解决客户的任何问题。

- **随时回答用户的问题**：产品运营的很大一部分工作就是通过用户触点（通常是论坛、微信公众号或社交账号）收集用户的问题，并及时回应。在实际工作中，我们发现用户经常会问相同的问题，这些问题就是共性问题。回答共性问题，我们只需要建立 FAQ（Frequently Asked

Question，常见问题）库即可。需要注意的就是，如遇到产品更新，需要及时更新产品信息。

- **解决用户的任何问题**：有些时候用户反馈的问题是 Bug，或者是新的需求，那么产品运营人员就需要按优先级评估问题，并在评估之后同步给研发人员。这里有一个误区，有些运营人员认为，只要把用户的问题或需求同步给研发人员就完成了任务，其实，这不叫作解决用户的问题，充其量叫传达用户的问题。所以要解决用户的问题，就要将此事形成闭环——从收到用户反馈，反馈给研发人员，到功能上线时间跟进，再到通知用户何时解决问题，这一系列动作做完才能成功解决问题。由此来看，不仅产品经理需要做到端到端，产品运营人员也是一样的。

3. 活动策划

产品活动通常有两种。

- **内容导向**：通过好的内容，如产品使用小技巧、产品新功能介绍、产品周报、产品/品牌软文等，增进用户对产品的好感，传达产品的价值观。
- **社群导向**：通过组织线上活动，例如定期打卡等与用户互动的活动来扩展社群关系，活跃社群氛围，增加用户的认同感和参与感。

以上两种活动形式都需要对方案进行策划，如果需要页面，还要进行页面设计，并组织相关研发人员进行开发。这个时候运营人员就成为运营活动这个产品的产品经理，他需要结合产品特点和用户特点去策划、组织活动，需要营造一些规则活动的氛围,通过运营活动这个产品吸引用户。而这些目标的达成必须建立在他非常了解自己的产品,同时非常了解自己用户的基础上。

6.1.2 不同点

随着移动互联网的不断发展以及 IoT 产品不断地深入人心,很多之前看来很新奇的产品,已经没有那么神秘。越来越多的用户对 IoT 产品的了解逐渐深入,而且有些已经在 IoT 产品普及的过程中成长为半个专家。

面对这样的用户,对于智能硬件厂商来说,将智能硬件产品售卖给用户后便"老死不相往来"的情况将一去不复返,智能硬件的商业模式已经不是"一锤子买卖",从某种意义上说,产品与用户的关系从用户在网页上看到这个产品就开始了。

所以,IoT 产品的运营比以往更难了。

1. IoT 产品属于实体产品,用户投入的成本较高

由于智能硬件设备是实体产品,用户购买后才能使用产品并获得相应的服务,所以他们可能投入的成本会比软件产品高一些(不排除那些付费产品)。对于软件产品,如果用户从应用商店下载某个 App 后,觉得没有满足预期,那么他就会选择不用或者卸载这个 App。但对于智能硬件产品,由于投入了成本,用户对产品的预期会比免费下载的 App 高,这也给产品运营工作带来不小的压力。

2. IoT 产品复杂度越高,用户问题越多

IoT 产品是由软件、算法、硬件组成的。首先,它不会像

一般的设备那样，特别直观且易于使用，甚至几乎不需要说明书。对于智能硬件产品，由于其操作有一定的门槛，所以用户总是会遇到一些问题，需要运营配合售后人员一起帮助用户解决问题，此时，在"内容建设"时建立的"用户使用指南"就派上了用场。其次，由于 IoT 产品的复杂度较高，也会较多地出现一些 Bug 或者逻辑上用户理解不了的问题。对于 Bug，运营人员需要端到端地解决用户的问题；对于用户理解不了的问题，运营人员需要向用户解释，如果再出现问题，运营人员可以和产品人员一起来帮用户解决问题。

3. IoT 产品与生活息息相关，与用户在一起的时间会更长

一般来说，IoT 产品会在用户身边待更长的时间，无论是智能电饭煲、扫地机器人还是智能手表，它们很可能在未来几年的时间里与用户朝夕相处，所以产品运营应该很好地理解用户的这种心态，需要通过内容建设、用户维护、活动策划持续给用户提供新的体验，让用户更认可产品。这样，如果产品推出新一代的话，用户很可能会因为认可产品运营，选择继续使用我们的产品。

面对上述三点，我们如何才能更好地应对呢？具体策略如下。

- ❏ **改变认知**：在认知上改变之前"一锤子买卖"的想法，彻底改变对用户的态度，他们可能是要跟我们一起走好几年的用户。而与用户的关系一旦确立，这种关系就无法断开，维护好这段关系，产品会收到极好的口碑和用户忠诚度。而如果维护不好，则会在一个领域内给用户

留下不好的印象，影响其他新用户的购买决策。
- 建立用户反馈闭环机制：正如我们在第 4 章讨论的那样，我们需要建立用户反馈闭环机制，通过一整套服务来逐步完善用户体验。这里，最重要的仍然是：用户反馈闭环机制必须是产品团队的所有成员——产品、运营、研发、销售、售后等共同认可的价值观，否则即使建立了机制，也很难很好地贯彻下去。
- 把自己当作用户：把自己当作用户的潜台词是，要急用户所急。试想如果我们是一个产品的用户，在使用过程中遇到了问题，我们一定希望品牌方可以快速解决问题，让我们尽快地使用产品。同理，切换身份，我们作为品牌方也要重视用户的反馈，尽快地解决用户的问题。

综上，IoT 产品运营的工作内容和工作领域与软件产品经理并没有很大的差别，甚至很多地方都是相同的，差别在于，IoT 产品会更深入用户的生活，运营 IoT 产品时需要我们改变以往传统的售卖家电产品的认知，建立反馈闭环机制帮用户解决问题，并将自己投入进去，急用户所急，从用户的角度看问题。

6.2 目标：良好的口碑效应

IoT 产品运营的目标归结起来就是建立良好的用户口碑，它看似无形，却真真切切地左右着用户的行为。口碑是定性的，而 IoT 运营还需要关注定量的数据，其中日活、月活和留存仍然是需要关注的重点。

在上一章，我们花了很大的篇幅讲了口碑是 IoT 产品信用飞轮的起点。从产品角度来看，口碑的基础是体验优秀的产品。从运营角度来看，我们的目标之一就是用户目标，让用户真正喜爱上产品，建立产品口碑。我们也了解到，用户口碑体现在电商、社区等领域的用户反馈以及用户口口相传的评价中。

那么产品运营应该如何做，才能维护好的口碑呢？

我认为，可以从两个方面努力。

1）**产品层面**：通过搜集用户反馈和用户需求，与产品经理讨论方案，确定版本迭代时间，将结果交付给用户。这是通过产品的不断完善来获得用户的认可。请注意，端到端仍然是这里的重点。只有端到端，才能真正解决重要的问题，才能快速满足用户的需求。

2）**用户层面**：就像你去购买化妆品时面临的情况一样，如果不论你问任何问题，化妆品销售员总是很快且不厌其烦地回答，那你一定会倾向买他们的产品；如果一个销售员对你爱答不理，你可能连头也不回就离开了。用户运营，也是一样的道理，获得用户口碑，运营人员、产品经理的响应速度和质量都是很重要的。

曾经看过一款产品，由于产品颇具创新性，且功能丰富，深受很多用户的喜爱，用户反馈的问题也能够通过软件迭代快速得到解决。但是一段时间后，用户反馈的问题不仅没有等来产品的迭代，就连论坛的回答速度也很慢，慢慢地曾经深受用户喜爱的产品就变得没那么受欢迎了。

IoT 产品经理要重视用户反馈，既然已经建立了"用户触点"，那么就应该利用这个触点，发现问题，验证需求，逐渐培养与用户的感情，进而赢得用户的心。

在第 4 章，我们讨论了几个关键的产品数据，如日活、月活、留存等，还有智能硬件特有的激活数据。关于它们的含义，这里不再赘述。这些数据不仅是产品经理需要关注的，同样也是运营人员需要关注的。原因还是产品的运营目标是建立市场优势，以及让用户爱上产品。从数据上，激活数量可以反映产品在市场中的地位——产品地位高，每月的激活量就大，反之，激活量就小。日活、月活和留存可以反映产品的用户黏性。

所以，如果我们想查看市场地位或者用户黏性是否达到目标，可以通过查看这几个数据了解情况。

6.3 途径：接触用户

在第 4 章，我们讨论了如何建立"真·用户为中心"的意识。产品运营与 IoT 产品经理需要与用户保持直接联系，只有了解产品在真实使用场景中出现的问题以及用户在真实场景中的需求，才能帮助用户解决对应的问题。

接触用户，不需要很多途径（回顾第 4 章了解如何建立用户触点），因为接触用户的目的是了解用户真实的想法和体验，所以我们只需要选择几个可以深度参与的社群，与其中的用户交朋友，一起讨论，获取真实的反馈。

那么，如何更有效地与用户交流呢？余世维在《有效沟通》一书中说过，沟通的基本问题是心态。不正确的心态包括哪些方面呢？他提到三个问题：自私、自我、自大。简单解释一下：自私就是只关心自己圈子里的问题；自我就是别人的问题与我无关；自大就是我的想法就是答案。

产品运营人员需要避免以上几个问题，将自己带入用户使用产品的情景当中，关注用户的状况与难处、需求与不便、痛苦与问题，尽力帮助用户解决或者减轻问题。

运营人员需要与用户平等交流，需明白虽然有时用户的问题会有些刁钻，但他们也是为了能更好地使用产品，所以从本质上运营人员和用户之间并不是对立的关系，只是用户站在自己的立场指出了产品的缺点。

和用户做朋友，也是很重要的。我建议多跟用户聊，在聊的过程中你会发现他们的想法都很有意思，而且在你与用户以朋友的身份聊的时候，他们所表达的才是自己真正的想法。

另一个很重要的方面是学会如何有效提问，目的是获取尽可能多的有效信息。譬如，产品运营经常会接到用户反馈有Bug，面对这类问题，理想的动作是"三问"。

- 一问用户情景：在什么情况下；出现了什么现象；该现象是否重复出现。
- 二问用户行为：做了什么操作，是否可以具体描述，该操作是属于经常性操作，还是偶尔操作，之前没有出现过。
- 三问相关信息：系统（iOS 或 Android）、网络环境等。

三个问题下来，我们就获得了这个Bug的全貌，包括现象、操作步骤、操作环境等，这对于后续问题的分析和解决是有极大帮助的。当然，产品运营每天不仅仅面对这一类问题，在面对其他问题，如用户有新想法或产品建议时，也要学会提问，引导用户表达需求和感受，而不是让用户直接说出想法。正如本书之前提到的一个例子，有人想吃包子，这是想法，但通过询问发现他的需求可能是饿了或馋了，相应的解决方法会有所不同。

6.4 方法：关注用户

这一节介绍一些产品运营的方法，包括预期管理、重视反馈、快速解决问题三个方面。

6.4.1 预期管理：使实际体验大于产品预期

产品运营的目标是满足用户需求，创造良好的口碑效应。而产品预期管理包含三个相关联的概念：平均预期、产品预期、实际体验。

平均预期是指用户对某一类产品（或服务）正常情况下的预期，这类预期与人们的常识保持一致，是产品（或服务）的平均水平。例如，用户对一袋方便面的平均预期，就是面饼＋酱包＋料包＋脱水蔬菜，它不会给人任何惊喜。产品预期是指你的产品给用户带来的体验预期，它主要来自新产品的宣发、运营，同样来自既有产品的体验、用户的反馈等。实际体验则是指用户使用了你的产品后的真实感受。

IoT 产品要想获得用户的认可，最基本的条件是产品预期大于平均预期，这是对产品的要求。还是以方便面为例，当大多数产品都是面饼＋酱包＋料包＋脱水蔬菜时，如果有一个产品在包装里多加了一只卤蛋，那么这个产品就超越了平均预期。

如果说超越平均预期是对产品的要求，那么，实现实际体验大于产品预期更多是对运营人员的要求。在产品基本成型的情况下，如何实现实际体验的最大化？有两个思路：**继续提升实际体**

验、降低产品预期。

这两个思路都是预期管理的方法，继续提升实际体验，可以描述为产品预期＋惊喜时刻，即在已有体验基础上增加了意想不到的体验。这种体验正如当年你在选购手环时，看到小米手环1代竟然只有69元惊叹的感觉。多数情况下，IoT产品成型后，已经没有足够的时间来大幅提升体验，这时降低产品预期便显得更加重要。这不是说我们要故意压低自己的产品体验，而是不要夸大产品的功能，因为这会造成产品预期大于实际体验的境况，这样用户就不会感到满意，也不会形成正向的口碑。

从上面的论述可以看出，产品预期管理的过程就是提升实际体验和降低产品预期，我们需要根据产品的生命阶段合理利用好这两个手段，让实际体验大于产品预期，从而形成良好的满意度和用户口碑。

6.4.2 重视反馈：事事有回音，定期集中反馈

在6.2节提到，运营要维护好用户的口碑，就要重点关注用户的问题和反馈。具体要如何做呢？

第一，在收到用户的反馈时，需要明确告知用户你的反馈我们已经收到，让用户在问题还存在的时候就能够安心，让他们知道至少还有人关心他们的"疾苦"。

第二，运营人员还是要端到端地解决问题。

第三，所谓事事有回音，是因为资源总是不够，运营团队也不可能有很多人力，所以并不一定是每一个问题逐一回答，我们可以想办法统一回答用户的问题。例如，之前我们做过每两周一次的"产品经理面对面"，让产品经理面对用户，回答他们的

问题；我们还做过类似"每周问题汇总"这样的栏目，在论坛和公众号回答用户的 Bug、使用问题，或者告知用户产品更新的安排。

如果能做到以上三个步骤，那么祝贺你，你在产品运营方面已经能够很好地重视用户的反馈了。

6.4.3 快速解决问题：端对端沟通，迅速解决问题

小米手机的快速增长之路就是极其重视用户反馈的绝佳例子。小米践行了端对端沟通、迅速解决用户问题，让 MIUI 和小米手机获得最初的成功。雷军也在 2020 年小米创业十年的演讲中回顾了当年开发 MIUI 并最终"征服用户"的情形。

> 我们建了一个论坛，招募志愿者来"刷机"。让我们感动的是，居然有 100 位用户愿意冒着巨大的风险刷 MIUI，也就是我们熟悉的"100 位梦想的赞助商"。
>
> 为了感谢这 100 位勇敢者，我们用他们的名字做成了启动界面。
>
> 2010 年 8 月 16 日，MIUI 第一版正式发布了。
>
> 刚开始，只有 100 人，用户量少得惊人，但口碑超好。
>
> 我们没有做任何推广，第二周翻了一番，200 人，第三周再翻一番，400 人，第四周再翻一番，800 人。
>
> MIUI 真正火起来，是在发布一个月后。9 月 20 日，在国际著名的技术论坛 XDA 上，有位大神热情推荐了 MIUI。

他是这样说的:"这是一个专业团队的作品,令人惊艳……有人听说过这个 ROM 吗?我这辈子从来没见过这么疯狂的 ROM……它运行起来又快又流畅,界面全部重新设计了,这太不可思议了。"

看到这个评价,大家就知道,MIUI 第一版做到了什么水平。

一个中关村的小团队,以互联网方式,用两个月时间做了一款手机操作系统,收获了非常高的赞誉。这充分说明:互联网的方法论非常厉害!

从此,MIUI 在全球发烧友中火起来了。后来,各个国家都有网友自发建立当地的米粉社区,制作当地语言包,适配各种机型等,形成一个声势浩大的全球群众运动,从此播下了小米国际化的种子。这就是米粉文化的来源。

我们就是用"专注、极致、口碑、快"互联网七字诀来做 MIUI 的。

关于 MIUI,虽然雷军没有讲到,但其实还有一点让我印象极为深刻。在 MIUI 发展初期,团队每周五都会发布新的开发版,在开发版里修复用户上一周反馈的问题,增加上一次用户提出的需求(不是上一周的需求,因为有些功能一周开发不完),用户可以直接下载开发版,这样刷到手机上后就能立即体验最新的功能。这么迅速给用户反馈的产品,谁又能不喜欢呢?这个速度确实是践行了 MIUI"为发烧而生"的口号,也着实培养了很多"米粉",小米的口碑也是从这个时候开始迎来爆发式提升的。

6.5 本章小结

本章首先介绍了互联网运营的相关概念，以及 IoT 产品与软件产品运营活动的相同点和不同点；其次，通过三个方面（目标、途径和方法）帮助你了解如何运营 IoT 产品，其中，途径和方法是手段，都是为了服务总体目标——良好的口碑效应。

IoT 产品相关的运营途径和方法并不局限于本书介绍的内容，而是随需而变的。我们需要根据实际情况调整关注点，例如随着短视频平台的兴起，运营可能就要适当关注下。由于篇幅限制，关于运营相关的其他内容，建议参考专门介绍运营的书。

结束语

IoT 产品经理能力模型回顾

至此，我们对 IoT 产品经理的介绍就结束了。本书的核心是 IoT 产品经理的双金字塔能力模型。

双金字塔能力模型如下图所示。一个 IoT 产品是由软硬结合、软件、算法、硬件组合而成的整体，我们可以从能力模型的顶端往下看。从上到下地思考智能硬件，就是智能硬件产品经理从用户的视角开始，纵观软硬结合、软件、算法、硬件，最终到达山脚的过程，四者融合思考，以构思产品的最终形态，找出产品能够成功的潜在因素。

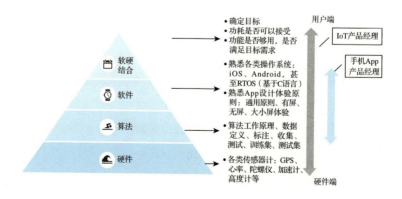

我们也可以换个视角来审视双金字塔能力模型，那就是从下到上，或者称为"倒金字塔"。这更像是一种脚踏实地的攀登，我们可以思考：产品需要什么样的硬件，需要什么样的能力，需要有什么样的性能；什么算法能够解决用户的痛点，能够让用户的生活更加便利；什么样的表现能让产品脱颖而出，需要如何设计来迎合用户需求；最终，硬件、算法、软件三位一体，构成了一个完整的硬件产品。这样，我们产品人也就完成了一次攀登。

进阶的 IoT 产品经理思维——能力模型 + 认知方法论

进阶的 IoT 产品经理思维，是能力模型（"正金字塔"加上"倒金字塔"）加上第 4 章与第 5 章中阐述的认知、态度和方法论的综合体。

如何记住它们？

首先，要记住框架，即"正金字塔"和"倒金字塔"，从上到下，高屋建瓴，从下到上，奋力攀登。

其次，之前阐述的认知、态度和方法论的顺序是不变的，也就是认知＞态度＞方法论。认知决定了你的人生高度，态度决定了你是否能把事情做到最好，而方法论是让这一切发生的基础条件。

如何记住它们并不重要，重要的是你能否将它们运用到实际当中。当然，我这里介绍的经验不是什么金科玉律，就像开篇所说的那样，我只是希望我的粗浅经验能够成为有志于投身 IoT 领域的人员的垫脚石。希望大家都能总结出一套适合自己的方法论，并从中受益。

写在最后

IoT 产品经理,无论是刚入行还是已经在行业中浸淫很久,最重要的就是始终保持"心力"。心中始终追求美好、始终有改变世界的向往,才能克服前进路上一个个看似迈不过去的坎,做出优雅且有价值的产品。

就像我在写作时听的《追梦赤子心》这首歌的歌词所描述的一样:

>......
>我想在那里最高的山峰矗立
>不在乎它是不是悬崖峭壁
>用力活着用力爱哪怕肝脑涂地
>不求任何人满意只要对得起自己
>关于理想我从来没选择放弃
>即使在灰头土脸的日子里
>也许我没有天分
>但我有梦的天真
>我将会去证明用我的一生
>......